我们的城邦

AI时代的人类宣言

徐茂栋

XCITY ARGENTINA INC

我们的城邦：AI时代的人类宣言

徐茂栋 著

December 21, 2025

Print ISBN: 978-1-970336-35-1

First edition, 2025

Printed in the United States of America

CONTENTS

作者介绍

徐茂栋是著名的连续创业者，投资人

他先后创立星河互联、窝窝团、百分通联、微网、分众无线等成功企业，还投资了中文在线、艾格拉斯、运去哪、小派科技等独角兽或已上市企业。

他首次提出了生活服务电商，窝窝团融资超过一亿美元，并带领窝窝团IPO。

他还首次提出产业互联网，星河互联估值超过20亿美元，推动互联网与传统产业的融合，并打造"星河系"，旗下控股参股多家上市公司。他首次提出产业AI，并成为先行者。他还是十多项专利的发明人。

2016年，他排名福布斯中国富豪榜348位，2017年，他与马云一起获得中国十大新闻人物。

徐茂栋毕业于武汉理工科技大学，曾就读于清华大学EMBA和DBA。

徐茂栋的经历：

- 1968年出生于山东日照一个小渔村
- 1986-1990年就读武汉理工科技大学
- 1994年，在家乡山东日照创办齐鲁超市，很快发展成为山东省最大的连锁超市之一。
- 1998年，在北京创办DotAd，成为中国最大的短信应用公司和领先的2G企业，并于2006年以3000万美元出售给分众传媒，后更名为Focus Wireless。
- 2008年，创办Lmobile，发展成为中国最大的手机彩信广告平台和领先的2.5G企业，后获软银亚洲投资基金（SAIF）和清科创投的投资，并于2010年以1.59亿美元出售给澳洲电信（Telstra）。
- 2010年，创办Welink，成为中国领先的移动营销平台和3G应用企业，并于2015年以1.1亿美元出售给中科招商。
- 2010年，创办窝窝网，先后获得鼎晖投资、清科创投及紫荆资本1亿美元投资，发展成为中国领先的生活服务类电商平台，并于2015年成功在纳斯达克上市，市值达10亿美元。
- 2015年，创办星河互联集团，曾是中国领先的产业互联网集团，估值达20亿美元。
- 2016年，打造产业互联网星河系，旗下控股参股多家上市公司。排名福布斯中国富豪榜348位。
- 2017年，与马云一起成为中国十大新闻人物。
- 2018年，定居美国。

微处理技术将比多数人想象得更快地颠覆并摧毁民族国家，并在此过程中创造新的社会组织形式。

——《主权个人》（THE SOVEREIGN INDIVIDUAL）共同作者詹姆斯·戴尔·戴维森

序言

我们正在经历一个残酷而又炽热的时代。

白天，你可能在工位上看着AI把同事的工作自动化；

夜里，你刷着新闻：谁又被算法淘汰，谁又被取代。

技术像一场暴雨，先砸在最辛苦、最脆弱的人身上。

车间里重复拧同一个螺丝二十年的工人，

凌晨三点还在送外卖的骑手，

坐着小板凳给孩子补课的老师，

写方案写到手指酸痛的白领——

他们中很多人，

甚至还没来得及坐下来认真想一想"AI是什么"，

就已经被"AI+"三个字写进了裁员报告。

一代又一代人，为了"活下去"拼命工作，

有人一辈子没有为自己活过一天。

而另一边，资本可以全球自由流动，

服务器可以跨洲迁移，

机器人和算力可以在几秒钟内调度到世界任何角落。

技术在狂奔，制度却像一辆年久失修的旧车，

吱呀作响、极力跟随，却怎么也追不上。

我们创造了人工智能，

却仍然被旧时代的制度和分配逻辑捆住手脚：

财富越滚越集中，

大部分人被迫站在时代的洪流边上，

既看不清方向，又无路可退。

如果我们什么都不做，

AI 会加速这个旧秩序，

让"强者更强、弱者更弱"成为冷冰冰的底层算法。

* * *

写这本书时，我常常想起无数具体的脸。

凌晨工地上戴着安全帽、坐在水泥袋上啃冷馒头的人；

乡村留守儿童在视频那头怯生生地叫一声"爸爸"；

年轻人写着"简历优化"邮件，又在深夜偷偷搜索"失业保险"；

中年人咬牙扛着房贷和孩子学费，不敢倒下，也没有退路。

他们不是抽象的"数据"，

而是一个个真实的生命。

我要写的，不是一个冷酷的科技商业计划，

而是一份试图把普通人重新放回时代中心的宣言。

＊ ＊ ＊

在这本《我们的城邦》中，我尝试回答三个问题：

第一，人类与AI，究竟要站在什么关系上？

我们真的注定要和机器人抢饭碗吗？

还是可以让"机器人做主要生产力，人类协助机器人"，

让机器去干那些危险、重复、耗命的活，

而人类回到创造力、爱、判断、艺术、陪伴这些

只有人类才做得好的地方？

第二，技术红利，能不能不再只流向极少数人？

我们能不能不再只是"给别人打工"，

而是——

给每一个普通人分配机器人，让机器人成为全民基础资产？

让每个人一出生，

就不是赤手空拳地走进这个高度自动化的世界，

而是带着属于自己的那一个"机器人"。

当你睡觉的时候，你的机器人还在工作；

当你失业、转换职业、再学习的时候，

你不会立刻跌入深渊，因为有机器资产在为你托底。

第三，我们能不能在旧国家与旧制度之外，

创建一种面向AI时代的新型城邦？

一个把现实城市与元宇宙一比一映射的"超级城邦"；

一个以主权个体为基本单位，以代码为法律、

以DAO为治理结构的城邦；

一个让劳动力像资本一样自由流动的城邦；

一个让你可以在地球任何一处，

远程雇佣机器人，在那个城邦里创造价值、获得收益、参与治理的城邦。

在书中，我把这个实验性的新制度样本，

叫作 XCITY——我们的城邦。

* * *

你会在接下来的章节里看到：

为什么说，现代国家本质上像一家公司，

而我们有必要为AI时代重写"国家的商业模式"；

为什么我主张，

与其讨论"全民基本收入"，

不如更激进地讨论"全民基础资产——机器人即资产"；

为什么"代码即法律""城市级DAO治理"并非遥远的科幻，

而是正在发生的现实实验；

以及，为什么我相信，

XCITY这样的超级城邦，

将成为人类"重回伊甸园"的一次认真尝试。

这不是一个完美答案，

但或许是一个勇敢的开始。

* * *

有人问我：

"你为什么还在折腾这些？

你已经有过财富和名望，

完全可以在一个海边小城安静养老。"

我无法。

我出生在一个小地方，看过贫穷，也看过命运的陡坡。

我在中国互联网、产业互联网、产业AI的浪潮中

一次次亲眼看到：

技术的确能改变命运，

但如果制度不变，

绝大多数人仍然被挡在红利之外。

我不愿意在晚年回望，

发现我们这一代人明明手里第一次握住了

改写整个人类分配逻辑的技术钥匙，

却只是用它做了更狠的广告投放、更高频的金融投机、

和更冷的KPI。

我更希望，

有一天当我的孩子、你的孩子、

或者某个还没出生的孩子翻到这本书，

会在心里轻轻说一句：

"原来那一代人，并不是没有尝试过。

原来有人认真相信，

普通人也配拥有属于自己的城邦、自己的机器人、

自己的主权。"

如果到那时，

XCity 已经从一纸蓝图，

长成一座真实运转的城邦——

无论它多么不完美，

我都愿意承担那一份时代的失败与荣光。

因为，比起什么都不做，

试过，总好过没试。

* * *

这本书写给：

还在为房贷、学费、父母看病焦虑到睡不着的人；

写给被机器人抢走岗位、却还没来得及学会与机器人合作的人；

写给在深夜刷着关于AI的新闻，

一边恐惧、一边又暗暗期待"也许能有不一样的世界"的人。

也写给每一个心底仍然相信：

技术不该只是少数人的武器，

更应该成为所有人的解放工具的人。

如果这本书能让你在某一刻，

眼眶发热、心里一紧，

突然意识到：

原来，

我不是只能被时代推着走，

我也可以是那个

推动一点点新秩序、

为下一代多点选择的人。

那么，

这一切思考、争论、奔波，

就都值得。

愿你在书页之间，

看到的不只是一个名为 XCity 的城邦，

而是你自己、你孩子、

以及未来每一个普通人的

可能命运。

愿我们在这个AI时代，

不只是被算法统计的"用户"，

而是握着自己那一份主权的公民。

愿我们在有生之年，

一起见证——

我们的城邦，

缓缓从纸上和屏幕中，

生长为现实的土地、光、电、机器人、

以及一座座有笑声、有泪水的街区。

愿那个孩子问出那个问题的时候，

你可以抬起头，

温柔而笃定地回答：

"那时候，我没有袖手旁观。

我，做过一点点事。"

引言：变革的拐点

我们的城邦的我们，是你、我和机器人。城邦，是现实与数字空间融合的后现代国家，是国家2.0，是我们的家园。

我们的城邦，由数亿个超级个体组成的网络生态，每个人都能与技术共生，成为自组织网络的节点。

我们的城邦，是个体的杠杆，给个体工具、资本、网络杠杆放大自身能力，普通人做不凡之事，每个人的潜能得到最大化释放。

我们的城邦，消费者、生产者、投资者，治理者，四位一体。

我们的城邦，工作、生活、娱乐融为一体。

我们的城邦，代码即法律，DAO治理。

我们的城邦，机器人是主要生产力，人协助机器人，机器人被赋予人格，是人机混合城邦。

我们的城邦，人人安居乐业，居民不再为生活而工作，而是以工作为乐。

五月花号上那些"不服从国王的臣民"——政治上可疑，宗教上的异端创建了自由的美利坚。

曾经，那些早期的互联网创业者被视为另类甚至骗子。

人工智能赋予了人类神一样的技术，可以弥补我们旧石器时代的大脑，然而，我们的制度却是中世纪的。

资本可以在全球自由流动匹配市场，但劳动力不能，这使得历史资本收回率始终高于劳动收益率，导致财富越来越集中、贫富差距扩大，增加了社会不稳定因素。

人类一代又一代、没有止境地为生存而工作，人类越来越失去自我；人类创造了人工智能，不应该让人工智能成为抢夺人类就业的对手；人类根本不需要一个机构臃肿、效率低下、充满腐败的政府。

是时候改变这一切了。

从1648年《威斯特伐利亚和约》确立，现代意义的国家只有300多年的历史，二战后殖民地独立潮，世界上国家数量由50多个增至200个左右。

从财政与经济学角度看，"印钞、收税、发债"构成了现代国家的三大核心商业模式。现代国家本质上运作如一个拥有垄断权的超级企业：国家的产品是秩序，货币是其股票，税收是其利润，债券是其融资工具。

如今，我们正站在前所未有的历史转折点！科技革命的洪流滚滚而来，特别是人工智能的突飞猛进，正在深刻撼动着我们赖以生存的社会基础；与此同时，旧有的社会制度仿佛一道龟裂的壁垒，逐渐支离破碎。曾几何时，陈旧的习俗和固有的规则让文明停滞不前；如今，这些断裂的框架在时代巨轮前显得岌岌可危。历史的拐点已经到来，我们必须铭记：这是一个需要勇气与智慧去突破的节点。

此刻的世界对比鲜明。AI 发展的速度犹如天际划过的流星，一步跨越未来；而我们的制度运转却如沉睡的巨人，缓慢而迟钝。资本像脱缰的野马在全球自由奔腾，亿万劳动力却被僵化的旧秩序钳制，难以获得释放。生产力的飞跃与社会契约的僵化形成了深刻的悖论：再无限的技术奇迹，即便绚丽夺目，也难以抚平被钳制的民心。

更值得深思的是：如果我们不改变制度，那些本应服务于人类的技术奇迹，反而可能变为新的枷锁。我们怀揣着未来的幻想，若只是按照旧有的规则游戏，那么再辉煌的成就都可能沦为资本的工具，成为加剧不平等的力量。再强大的 AI 智能，如果不能被合理安排于公平的社会中，即使千亿次的进化，也会在历史的浪潮中迷失方向。

如今，我们不能再做旁观者，而要成为行动者。历史的伟业从来不曾由沉默的人来创造。在这关键时刻，我们还能选择沉默吗？无畏的行动才是改变的火种。朋友们，我们呼吁每一个心怀热血的人挺身而出，从边缘走向中心，从观望走向行动，投身于构建新型社会契约的行列。让我们将目光投向未来，用信念点燃希望，共同描绘属于我们的共同体蓝图。

在这场伟大的变革浪潮中，我们不再是孤立的个人，而是一股合力，一座即将崛起的群体之城。在未来的愿景里，新的城邦正在酝酿。我们为这个梦想赋予了一个名字——XCITY。XCITY 并不是一个空洞的幻想，而是我们迈向未来秩序的最初试验场。关于它的细节和故事，将在本书后续章节中逐渐展开。

XCITY是一个人类"重回伊甸园"的社会实践，是人类迈向梦想世界的一大步。这跟移民另外一个星球同样具有现实且划时代意义。

XCITY的使命是创建元宇宙与现实融合的超级智能数字城邦，将现实城市融入广袤的数字空间，打造一个以主权个人为中心的开放、包容、多元、民主的自由世界，释放个人潜能，让劳动力像资本一样自由流动，让人类以工作为乐。

今天，时代的号角已经吹响。让我们紧握自己的意志，奋勇前行。只要我们团结一心、不懈努力，科技的红利就能惠及每一个人，理想的社会秩序就能成为现实。命运掌握在我们手中，新世界正在呼唤所有敢于追梦的勇士前行！

第一章 追寻新乌托邦

未来城市的想象：图示一种技术驱动的火星殖民地愿景。这壮观场景征着人类对新乌托邦的不懈追求。从古希腊的柏拉图《理想国》开始，人类就开始憧憬完美社会的构造——柏拉图在其中提出由"哲学王"治理的分级社会构想。文艺复兴时期，托马斯·莫尔在《乌托邦》中描绘了一个与旧秩序相对立的理想岛屿社会。在东方，中国《礼运》篇描述了"大同"世界、天下为公的愿景，同样表达了"全民共享""均贫富"的理想。这些不同文明的乌托邦构想虽风格各异，但都试图回答同一个问题：如何让人类社会更加公平、和谐而理想？然而，在历史长河中，这些美好蓝图往往因现实制度的束缚和人性的复杂而难以完全实现。早期空想社会主义者如傅立叶、欧文等倡导消灭货币、按需分配的平等社会，但马克思对他们的批判也提醒我们，这类方案忽视了深层经济矛盾和动力机制。即使当代，一些学者提出了新的乌托邦设想——例如鲁特格尔·布雷格曼在《现实中的乌托邦》中主张普及基本收入、实现15小时工作周以及开放国界，将乌托邦寄托于科技和制度创新；北欧国家曾被视为幸福典范甚至"近乎完美"的社会，但学者警示那只是一种神话。这些例子表明：人类历史上无论东方西方，乌托邦思想一再出现，却总与社会的实际困境发生碰撞。

然而，在AI和数字技术加速发展的今天，我们对于实现理想社会的工具比以往更加丰富和强大。智能技术、自动化生产和信息网络让资源更加富足、沟通更加便捷，为新的社会模式提供了前所未有的可能性。但正如世界银行博客指出的，"技术本身无法解决这些挑战"。简单的技术应用并不能自行创建理想世界，需要以人为本的制度设计、民主参与和价值引导。我们应从历史经验中汲取教训：唯有科技与制度创新的有机结合，才能将乌托邦式梦想变为现实。因此，AI时代的新乌托邦并非凭空而来，而是建立在对人性和现实制度深刻理解基础上的未来愿景。正如一位思想者所言，技术进步不应成为对权力结构的替代品，而必须纳入更宏大的社会议程之中。由此，我们带着全球视野和历史厚度，继续追寻那个属于AI时代的新乌托邦。

技术时代的乌托邦新形式

数字乌托邦： 在信息时代，人们开始将乌托邦的憧憬投射到数字空间中，期望互联网孕育出更自由平等的社会形态。早在1990年代，电子前哨基金会创始人约翰·巴洛就发表了《网络独立宣言》，豪迈地宣称"我们正在建造的全球社会空间，将自然独立于你们试图强加给我们的专制"。他描绘了一个在网络中诞生的"心灵文明"，相信它将比旧世界更加人道、公正。这一数字乌托邦理想强调的是打破地理和政治藩篱，在虚拟空间建立自下而上的共同体：在那里没有压迫、没有等级，每个人都能平等参与。不过，数字乌托邦在现实中也经历了理想与现实的碰撞。互联网早期的确孕育了开源协作、网络自治等令人激动的实践，但随着大型科技公司和国家力量进入网络空间，数字世界并非完全独立：平台垄断、数据审查等新问题不断出现。尽管如此，数字乌托邦的愿景激发了一代又一代技术理想主义者去探索网络空间的可能，他们努力在代码和社区中实践自治与平等的原则。例如，上世纪90年代的赛博朋克文化和本世纪初的加密社区，都带有强烈的乌托邦烙印，希望借助技术创造一个超越国界的新社会。

元宇宙乌托邦： 近年来，"元宇宙"（Metaverse）概念兴起，再次点燃了科技乌托邦的想象。在全球政治经济矛盾日益尖锐、人类面临诸多现实困境之际，元宇宙被许多人视为逃离现实束缚的一种寄托。元宇宙乌托邦设想中，数字虚拟世界成为人们自由栖居的新乐土：在沉浸式的三维网络中，个人可以不受现实身份、财富和地理限制地创造和表达，实现"躺平"之外的新选择。这样的想象以技术进步和生产力革新为主要路径，并非当代才有——早在冷战时期，人们就曾把对现实不满投射到太空殖民等科幻愿景中，那些思想影响下催生了"去中心化、社区共识、智能合约"等数字世界的基石。今天的元宇宙平台如Decentraland等，已经开始尝试建立由社区管理、基于链上经济运行的虚拟社会。在这些虚拟世界中，土地等数字资产可以由用户拥有和交易，社区通过DAO（去中心化自治组织）机制投票决定规则，试图营造出自治共治的数字城邦。然而，元宇宙乌托邦也面临现实考验。如果元宇宙里的法律和秩序仍由少数公司或程序员制定，那么这种"数字天堂"很可能沦为新形式的集中控制，而非真正的乌托邦理想。正如有评论所指出的，元宇宙构筑的数字乌托邦未必完美，它同样可能投射出现实世界的问题，并非技术一来就能自动避免不公。因此，我们既要看到元宇宙为社会想象带来的全新空间，也要警惕其潜藏的集中化倾向，确保这一新世界能朝着开放自治的方向发展。

虚拟社区自治体：数字技术还催生了虚拟国家和网络自治社区等新形态的乌托邦实验。在这种构想中，志同道合者可以通过互联网和区块链组成自治社群，制定自己的规则和制度，甚至宣称主权。2014年成立的"Bitnation"（比特国）就是著名的例子。它自称为"去中心化无国界自愿国家"，通过以太坊区块链发布了全球首个虚拟国家宪法，用智能合约编写了约140行代码，阐明公民权利和治理规则。任何人都可以通过签署其"宪法"成为公民，并在平台上进行商业交易和仲裁服务。这种尝试体现出一种大胆的理念：国家不再由地理疆界定义，而是由共识和代码构建。又如近年来涌现的各种DAO自治社区，也被视作虚拟自治体的雏形——例如某些加密社区发行"数字护照"或公民NFT，赋予成员投票权，共同管理社区资金与项目。这些虚拟自治实践探索着全新的社会组织模式：依托技术手段，社群成员可以跨越传统国界，在网上"结盟建国"。当然，现实的挑战不容忽视：区块链技术本身的局限、社区规模扩张的困难，以及缺少武装力量支撑，使得这些虚拟自治体很难真正取代现实国家。此外，各国政府出于主权和法律权威的考虑，往往对加密世界的自治尝试保持警惕甚至抵制——毕竟没有哪个既得利益主体愿意轻易让渡权力。即便如此，虚拟社区自治的浪潮方兴未艾：从网游中的玩家公会，到链上治理的全球性协作网络，人们正不断尝试用技术编织制度，用共识代替强制，塑造超越传统政治框架的新乌托邦共同体。

AI时代的新乌托邦：制度与技术条件

技术基础设施：要在AI时代将乌托邦理想逐步变为现实，强有力的技术基础设施是前提条件。首先是区块链技术，它提供了去中心化的信任机制和不可篡改的记账系统，为数字社会建立公平透明的秩序奠定基础。正如分析所指出的，区块链的分布式设计为个人意志的表达提供了全新平台，有望成为实现民主参与和社区自治的利器。依托区块链，智能合约可以自动执行预先约定的规则，使治理过程程序化、公开化，从而减少人为腐败和低效。其次，人工智能协同平台将在新乌托邦中扮演大脑和神经中枢的角色。AI可以处理海量数据、进行复杂决策支持：比如模拟政策对经济和环境的影响、优化资源分配方案、协调庞大的社会协作网络等。在未来的智慧城市或自治社区中，我们可以想象一个整合了AI决策助手的治理平台——它结合传感网络实时收集民生数据，用机器学习模型分析问题根源，并为社区会议提供多套解决方案参考。这样的AI协同平台若以负责任方式运作，将帮助公民更理性高效地治理共同体。当然，技术基础设施还包括数字身份和隐私保护体系。每个参与新乌托邦的人需要一个安全可信的数字身份（可能由区块链赋能的去中心化身份ID），以在各种平台中证明其权利和信誉。同时，必须通过零知识证明等密码学手段保障个人隐私，在追求开放透明和个人权利之间取得平衡。最后，新乌托邦离不开全球高速网络和算力的支撑——无论是元宇宙的沉浸体验、链上社区的实时投票，还是AI对社会事务的辅助决策，都需要强大的通信和计算基础设施作为后盾。

制度框架创新：技术提供了可能性，但乌托邦愿景的实现离不开制度层面的大胆创新。其一是协议民主的实践。所谓协议民主，可以理解为将民主过程"编码"进协商一致的协议中，让公共决策像软件迭代一样透明可控。例如，利用区块链上的投票合约，公民可以对提案进行直接表决或委托给可信代表（即流动民主的思想），所有投票记录开放可查且难以篡改。在这种框架下，"规则即代码，代码即法律"，治理过程高效且具有可信度。其二是全民基础资产（UBA）的制度设想。面对AI大量替代人类劳动的未来，如何保障人人共享技术红利？传统的基本收入（UBI）倡议提供每人一定现金，而"全民基础资产"则更进一步，主张每个人与生俱来应拥有一揽子基础资产或权益。思想家玛丽娜·戈尔比斯等人提出，应将数据、算法权益等新要素视为公共资产，由全民共同持有。具体而言，全民基础资产包括传统的土地、住房、金融资产的普遍可及，以及数字时代的新资产：每个人对自己的数据拥有支配权并从中获益、人人都能使用先进的AI和软件资源等。这套框架还要求重新评估那些维护社会运转却未被赋值的活动，例如抚育、护理、志愿服务，把它们纳入社会财富分配体系。全民基础资产的目标在于实现生产资料与成果的全民共享，从制度上消除赤贫，防止新的技术寡头垄断财富。其三是DAO治理的广泛应用。DAO作为一种新型组织形式,打破了科层层级,通过代币持有者的投票实现共治。在新乌托邦的制度蓝图中,大大小小的自治组织可以像乐高积木一样拼组社会:从社区自治、企业运营到公益项目,都由DAO来承载。这样形成的网络化治理结构具有高度的灵活性和开放性,参与者通过共识算法而非科层命令进行协作决策。更重要的是,DAO机制可以嵌入更宏大的公共治理框架中。例如,一个未来的"超级城邦"可能在整体宪制下,让城市管理的诸多方面由自治DAO执行,既保持统一价值和法治原则,又充分激发基层自治的活力。总之,新乌托邦要求我们在民主形式、经济制度上不断求新,从协议化的民主决策到普惠化的资产分享,再到代码化的组织治理,多管齐下搭建起支撑未来社会的制度骨架。

文化观念转型: 技术与制度变革的深度融合,还需要文化和观念的转型作为润滑剂。首先是土地观的改变。在农耕和工业时代,土地意味着财富和权力的根基,民族国家的版图神圣不可侵犯。然而在数字时代的乌托邦蓝图中,物理土地的重要性相对下降——人们的生活重心和价值创造将部分转移到虚拟空间。"空间"不再仅指地理疆域,也包括了数字社区和元宇宙领地。由此延伸出新的观念:地球村与虚拟世界并存,人们对土地的情感可能更多投射为对社区的认同,而非对领土的占有。其次是身份观的重塑。现代社会习惯以国籍、种族等先天身份定义个人,而AI时代的新乌托邦强调自我选择的身份。未来的个人或将拥有多重身份:既是出生地国家的公民,又是某个网络城邦的数字公民,还是某个DAO组织的成员。身份变得更加流动和多元,个人能够自主选择加入符合自己价值观的社区。在虚拟迁徙蔚为风尚的时代,数字公民身份可能比出生身份更能体现一个人的认同。这要求我们以开放的心态看待身份认同,不再将其局限于血缘和国土,而是基于共享的理念和目的。最后是劳动观的变迁。长久以来,人类社会将工作视为谋生和实现价值的核心途径,"不劳无获"是根深蒂固的伦理观念。然而,当人工智能和自动化大规模承担生产劳动后,我们需要重新定义"有意义的劳动"。新乌托邦的文化图景中,劳动不再是生存的紧箍咒,而成为自我实现和社会贡献的选择。这意味着人们可以更自由地追求自己热爱的创意、科研、艺术、公益等事业,而不必为生计所迫从事重复机械的工作。同时,全社会需要认可和尊重各种形式的积极贡献,即便它们未必符合传统"就业"的范畴。正如历史学家展望的那样,未来15小时工作周、基本收入保障等理念的普及,将使得人们有条件拥抱"后工作时代",将精力投入家庭、社区和精神成长。这种劳动观念的转变有助于缓解技术失业带来的焦虑,为人与机器协作共生奠定心理基础。综上,土地、身份、劳动这三大观念的演进，反映出文化层面支撑乌托邦实践的必要改变：更全球化和数字化的视野，更自主多元的身份认知，以及更以人类幸福为中心的劳动伦理。

乌托邦理想与现实制度的张力

制度惰性与路径依赖： 乌托邦构想往往在现实中碰壁，一个重要原因是现有制度具有强大的惰性。几百年来形成的民族国家体系、市场资本结构，以及各类法律惯例，像沉重的飞轮一样阻碍着激进变革的尝试。社会制度存在路径依赖效应：过去的决策和利益分配塑造了当前的权力格局，使得任何颠覆性创新都面临来自守旧势力的反对。正如政治思想家马基雅维利几百年前就洞察到的："创造新的秩序与制度是最困难、最危险的事。旧制度下过得好的人都是革新者的敌人，而在新制度下可能过得好的人往往只是半心半意的支持者"。利益既得者（既包括掌权的政府官僚，也包括在现行经济体系中获利的寡头集团）会天然地抵制改变，因为新方案可能让他们失去优势。而普通大众虽然可能从乌托邦式改革中受益，却由于对未知的恐惧、对现状的习惯，往往难以形成足够的初始推动力。这种保守的倾向令宏大的乌托邦理想屡次折戟于社会实践：从早期空想社区的解体，到激进政策改革的流产，背后无不闪现制度惰性的阴影。因此，在推进新乌托邦方案时，必须深刻认识到这一点，既要有变革的决心，也要有对现实阻力的清醒评估。

技术进步与法律滞后的错位： 科技革命与制度演进速度的不匹配，使得乌托邦理想与现实之间产生时间差。当技术日新月异地提供新可能时，法律和监管常常慢半拍甚至原地踏步，导致新生事物长期游走在灰色地带或被旧框架所束缚。正如《连线》杂志所指出的："大多数社会机构的演进轨迹都是线性的……稳定性是制度的本质，这正是指数时代的矛盾所在"。AI时代尤为如此：人工智能、基因编辑、元宇宙等领域每隔数月就出现突破，但立法往往需要数年才能跟上。一些典型现象包括：法律空窗期——在旧法规未及调整之际，新技术已在现实中广泛应用，引发伦理和秩序难题；以及监管真空——传统监管机构因为缺乏专业知识或跨领域协调，无法对新业态实施有效监督。例如，欧盟酝酿多年的AI综合法规直到2024年才通过，而真正生效要到2026年，届时相关技术可能已迭代多代。又如各国的数据隐私和反垄断法律，难以应对当下科技巨头借助算法和大数据建立的垄断版图。这种技术与法律的时间错位，让乌托邦式的新制度、新生活方式常常生不逢时：要么刚冒头就因无法可依而陷入困境，要么被旧法规生搬硬套而扭曲走样。因此，实现新乌托邦需要同步推动法律的创新，甚至预留"沙盒"空间让新技术和制度试验先行，在实践中反馈给立法，以缩短制度反应的滞后周期。

既得利益集团的阻力：除了普遍的制度惯性外，乌托邦理想还会触动诸多强大的既得利益集团，招致他们的有意抵制。历史表明，每一次社会范式转移，既有权力结构中的赢家都会想方设法维护自身利益，这种阻力可能比我们预期的更顽固、更具有对抗性。在现实政治中，这体现为政策改革的难产：凡是损及垄断资本、传统部门利益的改革，往往在立法和执行环节遭遇强大游说和掣肘，甚至被腰斩。而在社会层面，某些大众心理和文化习俗本身也是利益格局的一部分，改变它们如同撼动盘根错节的网络。以加密货币和区块链自治社区为例：这些新兴事物试图绕开传统金融和行政体系，实现公民自治和财富重新分配，自然会引发传统政府和金融机构的警惕。一份行业报道指出，自2014年以来出现的多个"加密国家"创业项目，虽然雄心勃勃地想用区块链建立新型国家，但不仅技术局限掣肘了它们，各国政府也出人意料地予以抵制——没有政府愿意看到一个加密自治体在自己主权体系内"另立山头"。同样地，大型科技公司对于去中心化网络的抵触、石油巨头对于清洁能源政策的游说反对等，皆属既得利益反扑的新例证。面对这种情形，新乌托邦的推动者需要充分的战略智慧：一方面要寻求对话和妥协，寻找渐进改良的路径；另一方面也要有斗争和绕道的准备，通过技术上的去中心化和社会动员来削弱垄断势力的控制。这种博弈将是长期而复杂的，需要改革者有足够的韧性和灵活性。

转型路径与应对策略：虽然挑战重重，但历史同样告诉我们，社会变革的动力一旦积蓄到一定程度，乌托邦的理想就有可能破茧成真。关键在于设计巧妙的转型路径，并采取务实的应对策略来化解阻力、引导变革。其一是"小范围实验，逐步推广"的路径。面对庞大的国家机器直接推动全面变革或不现实，不妨选择局部试验作为突破口。例如，在一座城市或特区内试行新型治理模式和福利制度，取得成效后再逐步复制扩散。正如一些国家在探索的那样：日本的"超级城市"项目、韩国首尔的"试验都市"计划，都是利用城市作为沙盒，测试AI融入公共服务、新治理结构的可能。私人领域的未来城市试验则更为大胆，如美国企业家洛尔计划中的"泰罗萨"高科技城市，和沙特正在建设的线性城市"NEOM未来城"等，试图从零开始构建理想社区。这些实验为乌托邦制度提供了现实演练的平台。其二是"技术逼迁"与政策创新的结合。当新的技术或经济模式展现出压倒性优势且民意支持时，往往能倒逼旧制度让步。因此策略上可以鼓励技术快速发展和民间自组织实践，让新事物形成不可逆的趋势，促使决策者顺应潮流。例如，分布式能源、远程办公、数字货币等新模式通过市场和社会的力量站稳脚跟后，传统阻力也不得不逐步接受并调整规则。其三是建立联盟与共识。乌托邦转型不是少数人的乌托邦，必须凝聚广泛社会共识才能持续。这需要积极的舆论引导和价值观传播，让大众认识到变革并非乌烟瘴气的狂想，而是关乎每个人福祉的未来之路。通过公众教育、试点示范的成功案例以及对过渡期风险的充分预案，可以赢得更多人的理解和支持。当越来越多普通人相信并参与到新制度的构建中，既得利益集团的阻力也会因众望所归而被削弱。最后，灵活应变也是策略的一部分。变革过程中难免遭遇挫折和反复，需要根据现实反馈调整路线。在坚持原则目标的同时，策略上不妨迂回前进：比如在中央层面受阻时，转向地方基层寻找突破；在正式体制内行不通时，则利用非正式网络和技术社区积累力量。一旦条件成熟，再推动飞跃性的改变。总而言之，乌托邦理想和现实之间的张力，既是前进路上的阻碍，也是创新的催化剂。通过智慧地导航这片充满矛盾的海域，我们有望找出通往新乌托邦的现实路径——既避免空想带来的幻灭，也不让现实的苟且磨灭了对未来美好社会的追求。

第二章 科技与旧秩序的裂缝

当下的世界正经历技术的爆炸式变革，仿佛一个巨大的指数曲线飞速上升，而国家制度、法律体系、教育等社会结构却只能缓慢地线性调整。正如技术战略家Irving Wladawsky-Berger所述，"新技术正以越来越快的速度被发明和应用，但我们的制度——无论经济体系、政治组织还是社会规范——却变化缓慢"，技术进步呈指数曲线而制度适应呈缓慢的线性。Scott Brinker称之为"Martec法则"：技术的蓝色曲线迅猛上升（摩尔定律、网络价值定律等印证了这一点），而组织或制度的应变红色曲线却极为平缓。Wired杂志进一步指出："大多数社会机构的演进轨迹都是线性的……稳定性是制度的本质，这正是指数时代的特征性矛盾所在"。这种巨大的加速张力正日益显现并引发深刻问题：在新技术支撑下诞生的高速发展与旧有制度缓慢前行之间，持续出现撕裂和冲突。

- 传统治理与立法滞后：各国政府的决策机制往往无法迅速应对技术革新。比如欧盟耗时多年才通过首部综合AI法规——2024年3月议会通过、5月理事会最终批文，并于2024年7月刊宪后才生效，而法律真正开始执行要等到2026年。如此漫长的过程意味着颁布之时科技可能已经更新迭代多代。

- 教育体制反应迟缓：高等教育的课程设置和审批流程设计于旧时代，难以实时跟进AI浪潮。一项研究显示，从课程提案到最终批准通常需要18个月左右；而在此期间，教学内容可能已经过时。讲师和学生饱受此"知识与时代脱节"的困扰，毕业生动手能力与就业市场需求之间出现裂隙。

- 监管与隐私法规滞后：当全球数十亿人隐私都被AI公司用于数据分析时，现行法律体系显得力不从心。正如Azeem Azhar指出的那样，技术巨头凭借数据积累前所未有的市场规模，而传统的反垄断法规对此尚无完善应对机制；与此同时，如GDPR这样的隐私保护法案依旧依赖旧的思路，与现代数据经济的速度和规模明显不匹配。

- 社会福利和经济结构失配：福利制度通常设计于工业社会，需要全民就业和固定工作安排来支撑。但AI自动化和平台经济正在让就业结构发生剧变。尽管已有普遍基本收入等理念被提出，但大多数国家仍未就此达成共识，社会安全网需要根本性重构以适应零工经济和大量失业的冲击。

以上种种例子都说明，仅仅有技术突破还远远不够。世界银行强调，智能技术必须建立在以用户为中心的制度基础之上；哈佛学者Ben Green在《足够聪明的城市》中也警告："所谓智慧城市，不能仅靠技术独立存在，必须嵌入到更大的政策框架当中"。面对教育、法律、劳工、福利等领域根深蒂固的条条框框，我们必须进行前所未有的范式突破——变革的驱动力不仅来自芯片和算法，更来自人类对治理模式的重构。

正是在这样的时代断裂中，我们提出"超级城邦"作为制度创新的平台设想。设想以城市为单位重构社会操作系统：城市拥有更高自治权、更灵活的治理机制，技术深度嵌入公共事务。比起笨重的国家机器，新兴的超级城邦能迅速试验新制度、快速迭代政策。已有先例可供借鉴。例如，日本政府启动了"超级城市"计划，希望依托AI、大数据等技术在特定城市试点解决人口老龄化、医疗资源短缺等难题；韩国首尔实施"试验首尔"（Testbed Seoul）项目，将城市空间改造为创新技术的真实场景，用于支持国内外AI企业测试和商业化。在私人领域，不同价值观的未来主义项目也正在孕育：亿万富翁Marc Lore计划建设一座名为"泰罗萨"（Telosa）的高科技均富城市，沙特阿拉伯则斥资打造AI驱动的线性城市"新未来之城"（The Line），宣称无车、碳中和但也引发关于监控与自由的讨论。

这些项目从不同角度印证了一个思路：当城市拥有更大自主权，它们就能成为测试新社会契约和治理模式的创新引擎。

在全球语境下，超级城邦不仅是单个城市的实验，更可以形成网络与联盟，加速经验共享和集体创新。如同二十世纪的一些民主思想家主张城市宪法自治一样（Cities should have chartered rights），我们强调城市治理需要嵌入数字化、透明化、参与式的新机制。通过强化市民参与、开放数据和智能合约等技术，城市有望在民主、教育、环保、医疗等领域快速变革；凡是城市能够自主开展的政策创新，无需经过国家级长流程审批，就能更及时地与AI时代需求接轨。

总之，当技术撕开旧秩序的裂缝之时，我们必须勇于重构制度。超级城邦提供了一条可能的道路：这些高度自治、灵活机动的城市政体可以成为AI时代新社会系统的操作平台。它们承载着在实践中检验新理念的希望，让城邦成为人类想象和治理能力共同突破的实验田。只有这样，现代社会才能在全球视野下，以实际行动推动通往新乌托邦的转型之路。

各行各业都在加速奔向未来，但唯有制度的根本革新才能真正让这场变革带来公平、自由和幸福的新世界。

科技革新对旧制度的多领域冲击案例

金融创新与传统监管滞后： 在金融领域，新技术迅猛催生去中心化金融（DeFi）、加密资产等创新，但旧有监管体系往往鞭长莫及。比如去中心化协议的复杂性已超出了传统证券法规的覆盖范围，交易者甚至可借助境外平台绕开本地监管，形成"监管飞地"。许多国家的KYC/AML（客户身份识别/反洗钱）制度在全球无边界的加密交易面前几近失效。传统监管总是事后补课：等到2018年各国开始研究ICO监管时，市场早已转向去中心化借贷与稳定币；等欧盟2023年推出统一的加密资产监管框架时，DeFi创新又向无许可链上交易演进。这种时间差使灰色地带长期存在，创新野蛮生长伴生巨大风险，而监管者却处于被动应对的局面。

医疗AI应用与医保政策脱节： 在医疗领域，AI辅助诊断技术大放异彩，从医学影像识别病灶到提供治疗方案，效率和准确度前所未有。然而，医保政策的更新却远远跟不上技术步伐。长期以来，大多数国家的医保目录和报销规则并未将AI诊疗服务纳入，医院和医生缺乏使用新技术的激励。以中国为例，直到2024年国家医保局才首次将"人工智能辅助诊断"项目纳入医保价格，但也仅作为附加项收费，覆盖范围有限。这意味着医院若采用AI诊断，患者仍可能自掏腰包，削弱了推广动力。同时，监管对于AI诊断的质量标准、责任归属也尚未明晰，医疗机构担心引入AI会引发法律和伦理纠纷，从而对新技术裹足不前。结果是，一边是AI医生可以秒级读片、预测疾病，一边是医保报销和医疗规范仍停留在过去模式，新旧之间产生明显裂缝。

分布式能源与电网规则冲突： 在能源领域，可再生能源和分布式发电迅猛发展，大批家庭和社区开始自建光伏、电池储能，实现能源自给。然而国家电网的规则多基于集中式供电模式设计，难以适应这种去中心化变革。例如，许多地区的法规规定只有持牌大型电力公司才能售电，个人和社区微电网向邻居输电在法律上属于灰色地带。微电网接入主网也面临繁琐的技术标准和审批流程，每个项目都要单独谈判协调，周期漫长。当前的电价机制只补偿上网电量，却很少认可微电网提供的弹性和备用价值。当成百上千的小型新能源系统接入，一个原本单向输电的电网突然要处理双向功率流和动态调度，而现有规章无章可循。这导致很多居民即使装了光伏，也被迫将多余电力浪费掉，因为卖电回馈社区缺乏政策支持。集中电力体制的陈旧框架与新能源技术的蓬勃创新就这样产生碰撞，阻碍了绿色技术红利的充分释放。

智慧感知系统与地方治理脱节： 随着物联网和人工智能的普及，城市和乡村越来越多地部署智能感知网络：摄像头、环境传感器、交通监测设备实时采集海量数据，为城市治理提供前所未有的"感知神经"。然而地方行政体系往往未能及时调整组织架构与流程来匹配这种全天候、实时的数据洪流。各部门各自为政，数据标准不统一，形成典型的"信息孤岛"。例如，环保部门装了空气质量传感器，交通部门布了车辆监测系统，但两者数据没有共享渠道，城市大脑无法形成全局判断。跨部门协作依旧主要依赖人工沟通，当突发事件发生时，尽管传感器早已报警，各部门却可能因层层汇报流程而响应迟缓。许多地方还存在数字形式主义的问题：花巨资建了数据平台，大屏幕上信息滚动，但基层决策仍按老办法拍脑袋，或工作人员依然用Excel手工汇总报表。智能系统提供了"千里眼"，但旧的科层体制却没有与之配套的"快速反射弧"，造成技术能力与治理效能之间出现真空地带。

以上各领域的案例表明，"指数型"的科技进步与"线性"的制度响应之间产生了广泛而深刻的错位。这种错位让技术红利无法顺畅地转化为社会福祉，反而在不同领域累积成加速扩大的裂缝。正如世界经济论坛所指出的，当今"政策、规范和法规跟不上创新的步伐"，制度空白亟待填补，否则技术发展的成果可能在旧有框架中消解殆尽。

制度滞后的深层原因分析

仅有技术突破远远不够，如果制度不能同步演进，科技的光芒终将被旧秩序的阴影所吞噬。那么，旧制度为何如此迟滞？究其根源，有以下几点原因：

冗长的立法周期

现代国家的立法过程往往周期漫长、步履沉重。从提案、讨论、表决到实施，每一步都可能以年为单位计算。欧盟制定《AI法案》的过程就是典型例子：耗时数年才最终通过，而等法律真正执行时，AI技术早已更新了好几代。研究指出，新兴技术迭代速度远快于政府立法的节奏，传统立法周期常需数年甚至数十年，AI模型几周就能更新一次，"政策滞后"已成为常态。如此漫长的立法流程，使制度永远落后于技术几个身位：等法律落地时，问题可能早已变异，原有针对性大打折扣。不仅减缓了创新步伐，也削弱了制度的韧性和公众信任。在这慢半拍的节奏里，政府常常变成被动的"政策接受者"，疲于追赶层出不穷的技术现象。

国家权力结构的惰性

大规模科层制国家本身存在一种"惯性"，就像一艘巨轮难以迅速转向。组织理论早有揭示：机构一旦形成，便倾向于自我维持，其内部的权力关系和运作模式会不断再生产，以抵御外部变化。政府部门层级森严，各级官僚往往遵循既定程序行事，缺乏主动变革的激励。一方面，决策链条长且保守，层层汇报、审批导致响应迟缓；另一方面，官僚体系天生追求稳定和可预期性，而技术变革恰恰充满不确定性。这种体制惰性使得除非遭遇重大危机，否则制度很难自发进行颠覆性变革。正所谓"路径依赖"：过去的政策惯性会束缚未来的选择，当外界要求改变时，体系内部的本能反应往往是否定和拖延。

行政分工的碎片化

现代政府为了专业化管理，往往设置了林林总总的部门和条线，各部门各司其职。然而这种行政分工碎片化在面对跨领域的新技术时显得力不从心。技术创新通常是跨学科、跨行业的，但政府管理架构却是纵向拆分的——工业、农业、医疗、交通、金融，各管一摊。这就导致当一种新技术出现时，往往无人拥有完整管辖权。比如无人机技术兴起，牵涉空域管理、民航、安全、隐私多个部门，引发"几个婆婆管一个孩子"的局面。部门之间缺乏协同机制，各自为政，甚至互相掣肘。此外，不同层级政府（中央与地方）在执行上也可能步调不一致。分散的权责使得应对科技带来的系统性挑战时，政府内部首先耗费大量时间"对齐"自己。行政壁垒导致信息无法高效流动，新技术需要的综合政策迟迟出不来，反而让问题在真空地带野蛮生长。

法律逻辑与技术逻辑的不匹配

法律的逻辑是稳定、确定和可预期的，它倾向于用清晰的定义和规则来框定行为边界，一旦制定往往多年不变。而技术的逻辑是快速迭代、试验和进化，不断突破原有边界。两种逻辑的节奏和思维截然不同，造成了制度与技术的深层错位：法律要求清晰分类，但技术的发展往往模糊了行业边界；法律追求确定性，而技术充满不确定性和意外后果；法律更改需要谨慎求稳，而技术革新则崇尚"快速失败快速改进"。例如，自动驾驶汽车到底是交通工具还是机器人？现行法律难以给出弹性定义。再如，AI生成内容的版权归属如何认定？法律的分类思维面对生成式模型这样"亦真亦假"的产物时倍感吃力。法律语言与代码语言的差异也很明显：前者偏重原则和价值判断，后者偏重逻辑和数据驱动。这种思维方式的不匹配，意味着科技界和法律界经常"鸡同鸭讲"。立法者常常无法完全理解新技术的机理和影响，而技术社区往往低估了法律背后的伦理和社会考量。结果就是法规出台要么滞后，要么出现与技术现实脱节的条款，甚至产生适用中的矛盾。

既得利益结构的阻碍

任何制度的延续都伴随着一套既得利益结构。当新技术试图打破旧秩序时，首当其冲的阻力往往来自那些在旧制度中获益的群体。他们为了维护自身利益，会利用各种手段阻挠变革。这种阻碍有时是显性的：例如传统出租车行业游说政府严格限制网约车、新能源企业的发展可能遭到化石能源巨头的抵制、银行业可能游说打压加密货币和金融科技。更多时候则是隐性的：占据权力高位的决策者本身就是旧体系的产物，他们对新生事物心存警惕，担心权力被削弱、监管失去控制，从而倾向于按兵不动。甚至在立法和标准制定过程中，既得利益集团也会通过监管俘获等方式影响规则，使之偏向自身、抑制颠覆性创新。正如政治思想家所警示的，当变革来临时，既得利益者会不遗余力地反对，而未来潜在的受益者因为尚未成势，声音往往微弱。旧制度的守护者们筑起重重壁垒，以至于新的制度安排难以破土而出。

以上种种根源，使得制度变革永远落后于技术一步：不是我们不想改，而是改起来步履维艰。立法缓慢、官僚惰性、部门割裂、法技错位和利益阻挠交织在一起，编织成一张坚韧的"稳定之网"，将社会定格在过去的范式中。当技术巨浪扑面而来时，这张网既避免了社会立即失控崩溃，却也严重拖曳了前进的步伐。面对这种深层次的结构性原因，如果不进行前所未有的范式突破，我们将陷入"技术加速进步而制度原地踏步"的历史张力中难以自拔。

然而，正如前文所述，技术本身并非万能灵药。AI时代真正需要的是社会契约的同步重写——唯有在制度设计和价值引领上与时俱进，才能填平科技与制度的鸿沟。既然传统的国家级改良往往因上述原因迟滞不前，我们必须另辟蹊径，将变革的试验场转移到更加灵活的层级。这正是"超级城邦"构想诞生的动因：在城市这个更精巧、更易于创新的单位，重启制度创新引擎，加速技术与治理的耦合。

超级城邦：制度实验平台的现实路径

"超级城邦"作为我们提出的制度创新平台，并非乌托邦式的幻想，而是应对时代错位的一项战略选择。那么，如何将这个构想付诸现实？下面从若干关键方面探讨超级城邦落地为制度实验平台的路径。

城市级自治权的必要性

要让城市成为制度创新的试验田，赋予城市更大的自治权是先决条件。历史上，许多社会变革和政策创新都发端于局部试点：美国各州被誉为"民主实验室",深圳等经济特区的成功也仰赖中央给予的特殊政策权限。原因在于,城市相比笨重的国家机器,更贴近问题一线,决策链条短,能够快速发现新技术应用中的痛点并及时调整政策。当前国家层面的制度往往顾虑全国平衡,改革举步维艰;而城市可以在局部放手一搏,哪怕试错成本也相对可控。一座拥有高度自治权的超级城邦,可以自行制定和调整在AI、区块链、共享经济等方面的法规,无需层层上报等待批准,从而同步甚至引领技术的发展节奏。当然,这种自治并非无边界:它需要在国家宪法或法律框架下被正式赋权,并接受一定的监督。但正如20世纪一些思想家主张城市应有"宪章自治权"一样,"超级城邦"呼唤新的法律地位——也许是特区、联邦单元、新型直辖市等形式——使其在人才、财税、产业、数据等领域拥有立法和治理自主权。只有这样,城邦才能大胆试验例如数字货币、本地环保规定、AI交通规则等创新举措,而不被传统体制的慢节奏所拖累。城市自治权的扩大既是对地方首创精神的尊重,也是一种务实:通过竞争性治理让各城市探索不同路径,成功经验可以复制推广,失败教训则止于城域,不至于撼动国家根本。可以说,赋予城市更大自主决策空间,是加速制度更新的一把钥匙。

数据主权的新范式

在智能时代,数据如同新的"石油"和"血液",贯穿城市运行的各个角落。超级城邦要成功,必须建立数据主权的新范式,即既保障个人和社区对数据的控制权,又充分释放数据价值用于公共创新。传统上,数据要么散落在各企业之手,要么被国家集中掌控,个人对自身数据几乎没有发言权。而未来城邦应该探索"以公民为中心"的数据治理模式。有学者从社会契约视角提出,数据主权应包含保护、参与、提供三方面,即公民对其数据拥有所有权和隐私保护等基本权利,同时也通过协议自愿参与数据共享,为公共服务提供数据资源。这意味着公民不再是被动的数据来源,而是数据权益的主动持有者。例如,城邦可以建立"数据信托"(Data Trust)制度,由独立机构受托管理市民数据,确保数据的使用符合公共利益并尊重个人隐私。个人可以授权将匿名化后的医疗、交通等数据贡献给城市决策平台,并获得数据红利回馈。这是一种新型契约关系:市民通过数字协议加入某城邦的数据网络,明确数据如何被使用和分享,而非默认把数据拱手给大型公司或政府。与此同时,城邦需要制定严格的数据伦理与安全规范,例如采用多方参与的规则制定机制——政府、企业、公民和技术专家共同协商数据使用边界,以建立广泛信任。在数据跨境流动方面,超级城邦或城市联盟还可探索城市间的数据主权协定，确保数据在不同管辖区流动时依然遵循共同的隐私和安全标准。总之，新范式下的数据主权强调个人意志和公共利益平衡：让每个人成为自己数据的主权者，同时通过信任架构让数据要素活跃流动，为城市的AI算法提供燃料。唯有如此，智慧城市才能既"聪明"又不失对公民权利的尊重，走出当前隐私侵犯与数据垄断的困境。

智能立法与AI协同治理机制

超级城邦将开创智能立法与AI协同治理的新模式，把快速变化的技术直接嵌入治理流程之中。在传统模式下，立法机关与行政机关分离，法律制定后多年不改，而在AI时代，城邦可以引入更加灵活、实时反馈的立法机制。例如，运用数字民主平台，让市民就特定技术议题在线讨论、投票，甚至共同起草规则，形成"众智立法"。这样的议题导向、协作式数字民主，有望打破以往立法的僵化，提升决策的包容性与科学性。同时，城邦治理可以借鉴软件开发的迭代思维——制定"小步快跑"的法规，不断根据实施效果更新版本，而非等待一次性制定完美政策。AI则在此过程中扮演重要助手角色：借助人工智能对城市海量数据的分析，政府可以及时发现问题苗头、模拟政策效果，并由AI提供多方案决策建议。比如，AI模型可实时监控交通数据，一旦发现某项交通管制措施引发新的拥堵问题，立即建议调整算法信号配时或规则细节，然后由人类监管者拍板实施。更具颠覆性的是"代码即法律"的思路：将某些规则直接用智能合约编码部署在区块链上，实现自动执行。试想居民通过网络公投通过一项社区能源共享条例，并将条款编成智能合约上链，那么用电行为便会自动触发相应的奖励或收费，无需冗长的人工执法程序。在爱沙尼亚等国的数字实践中，已经出现利用区块链进行行政流程自动化的探索，这为城邦提供了范例。当然，AI参与治理也要警惕算法偏见和黑箱决策的问题。超级城邦应建立算法监督委员会，确保关键政策AI建议过程透明、公正，对算法输出进行跨部门和公众审查。这是一种人机共治的新模型：人类制定价值准则，AI负责技术执行与优化，两者相辅相成。例如，新加坡的GovTech项目就在探索将敏捷政策设计嵌入技术部署，通过小型试点不断修正政策细节。可以预见，未来城邦的议会可能既有民选代表，也有AI助手提供数据支持；法律不仅以文本呈现，更以内嵌代码直接运行；城市治理不再是静态科层结构，而是人和智能体共同组成的高度响应网络。这种治理机制将传统立法—行政—司法的分立体系转变为融合技术与协作的创新范式，使城市具备在瞬息万变的技术浪潮中自主"进化"的能力。

超级城邦与国家制度的接口

超级城邦追求高度自治和创新，但并不意味着与传统国家对立割裂。相反，它应该作为国家制度的有益补充，通过巧妙的接口设计，实现与现有框架的协同共生。首先，在法律地位上，超级城邦需要获得国家层面的授权和认可。可以设想由国家立法明确"试验性特区"或"数字城邦"的地位，使其在一定时期内享有特殊立法权和政策灵活度，同时规定国家底线红线（如国防、货币主权、外交事务等仍归中央掌控）。这类似于"一国两制"或联邦制中的州权限，只不过赋权的重点领域在科技和社会创新上。例如，可由中央授权城邦在AI伦理监管、加密金融、基因技术应用等方面制定本地法规，国家通过备案或评估机制监测其效果。其次，建立沟通管道将城邦经验纳入国家决策循环。当一个超级城邦试验取得成功，中央政府可以迅速立法在全国推广；如果试验遇到风险，中央亦可及时介入指导或叫停。这种机制类似"监管沙盒"的扩大版：允许城邦在"沙盒"内探索，但沙盒边界由国家设定并监督。再次，超级城邦之间也可形成联盟网络，共同向国家建言。比如若干城市联合就数据流动标准、数字身份互认等达成共识，可向中央争取制度突破，形成上下互动的模式。在国际舞台上，国家也可将这些城邦作为创新窗口参与竞争：就像迪拜、香港在各自国家中扮演了金融科技和营商环境试验场的角色，为国家吸引投资和人才提供了平台。国家可以鼓励更多城市加入这种良性竞争，从而整体提升治理水平。接口的设计还需要考虑公众认同和国家安全。必须明确超级城邦不是要割裂领土主权，而是为整个国家探路。通过宪法或基本法条款保障城邦自治期限和范围，可以减少其他地区对其特殊待遇的不满。国家也应对城邦可能引发的社会问题有预案，比如人口自由流动带来的公共服务压力等。最后，超级城邦输出的制度创新成果，应该通过国家层面的立法或政策逐步转化为普遍适用规则，以免形成制度孤岛。理想的接口模式，是让城邦成为国家的"升级模组"——国家主系统保持稳定运行，城邦模块不断试新功能，经验证后再并入主系统升级全国。这种渐进协同，一方面确保国家整体安全可控，另一方面又充分发挥了城市的创造力。简而言之，超级城邦与国家并非零和博弈，而应是合作进化的关系：城邦借助国家的底层保障安心创新，国家借助城邦的前沿探索实现自身转型，两者共同构筑起AI时代灵活高效的新型治理体系。

* * *

面对技术撕裂旧秩序所带来的冲击，我们正处于一个机遇与风险并存的十字路口。超级城邦提供了一条大胆而实际的道路：让高度自治、勇于创新的城市去充当制度革新的引擎，使技术与治理在城市层面实现同步迭代。在全球动荡的大背景下，这些先行的城邦有望构筑出可靠的新秩序雏形，为人类探索未来社会契约提供宝贵经验。各行各业都在加速奔向未来，但唯有治理架构的根本革新，才能确保这场变革带来一个更加公平、自由和幸福的新世界。让我们以城市为单位，在实践中锻造出通往新乌托邦的路径，以制度之勇气配科技之高速，跨越科技与旧制度之间越来越大的裂缝，迎接21世纪人类文明的新篇章！

第三章 主权个体与数字迁徙

在AI与数字网络时代，个人主权成为时代主题。技术赋能让人们挣脱地理国界的束缚，成为"主权个体"——正如有学者所言，这是一群"借助科技赋能，在地理限制之外工作、生活和赚钱的人"。传统意义上的国籍边界对他们不再具有绝对意义：个人获得了前所未有的自主权和行动自由，能够选择自己归属的制度契约。人们早已不满足于生而附带的国籍，而是在数字空间里构建新的身份归属。比如有报道指出，2025年，一场跨越时空的"数字迁徙"正在全球上演：各种基于Web3.0与元宇宙技术的虚拟场景正在深刻重塑人类与数字世界的交互方式，创造出虚实交融的新型共生宇宙。在这样的变革中，每个人都有权自由选择自己的"城邦"，并与之签订数字契约。

可编程公民权和协议化身份应运而生。公民身份不再只是出生或国籍附属，而是可以被代码化、协议化的约定。正如火星自治计划所展望的，公民身份被重新定义为自愿的、数字化的、可编程的：它不再由政府授予，而是由个体主动"申领"。换言之，加入某个数字城邦的系统，就等于认同其治理代码，从而成为该系统的公民。正如该计划指出的，"公民身份被视为协议，而非地位——任何人只要选择加入系统，无论身在何处，就能成为该系统的成员"。协议化身份意味着个人在不同社区间无缝迁徙：持有去中心化身份(DID)和可验证凭证后，他们无需中央机构的许可，就能证明自己的归属和权利。举例来说，爱沙尼亚的电子居留（e-Residency）计划已经为全球创业者提供了通行全球的数字身份：非爱沙尼亚人可以在线注册公司、开立银行账户和电子签约，尽管他们并不是真正的居民，但却享受了类似数字公民的便利。这些都是可编程公民权的雏形。

在这一愿景下，"数字迁徙权"成为新的权利概念。它让人们能够打破国界限制，通过签署数字契约即"迁徙"到另一个城邦或网络国家。例如，假设某对跨国自由职业的夫妇：丈夫通过智能合约成为一个去中心化社区的数字公民，妻子则加入另一个网络城邦。他们在网络中移动时，不需要办理签证或转移居留，只需激活各自的数字身份。他们在不同城邦之间切换角色：可能在甲城邦投票治理DAO项目，又在乙城邦领取教育和医疗服务。这种协议化迁徙让他们的家庭能同时享有多个城邦的福利保障，而这些权利和服务都被记录在跨链的社保协议里。由此可见，在未来的数字大陆上，个体通过代码与组织形成契约，选择自己归属的"城邦"和制度。

想象这样一位跨境数字游民：李明（化名）是个资深游戏开发者，拥有去中心化身份和跨国信用记录。他选择加入一个虚拟国家的公民体系，获得了基于智能合约的住房补贴和医疗保障，无需传统护照即可被社区认可。他的职业历程和收入记录都以加密凭证形式存储在区块链钱包里——每次借贷时，他只需提供验证过的收入凭证，无需重复做KYC。去中心化身份让他的信用可跨国迁移：正如研究指出的，一个数字身份系统可以让移民工人在一个国家建立的信用记录被另一个国家承认，从而全球范围内享有贷款和金融服务。这位游民通过区块链技术持有的可验证凭证（如学历证书、执业资格、纳税记录等），构成了他的"数字护照"，保障他的权益不会因地理变换而消失。

数字身份不仅带来迁徙自由，也成为社会信任的基石。在去中心化体系中，人们更有效地参与数字经济：他们可以用控制下的验证身份凭证在网上呈现自己，享受交易和合作机会。同时，隐私保护也得以加强：采用区块链的身份管理可以让用户将敏感信息保存在私人数字钱包，只有在需要时通过密码学手段（如零知识证明）选择性披露。在这种模式下，每个人掌握何时以及与谁共享哪些信息的决定权。换言之，区块链技术使数据去中心化存储，个人全权掌握私钥，他们的身份元数据在链上可审计验证，而个人身份信息离线存储，免遭大规模泄露。有了这样的数字身份，每个人在不同城邦享有明确的信用、权益与自治：他们可以在自治组织中投票、担任代表，将自己的贡献直接转化为权力和报酬。社会治理变得协议化而非垄断于一国政治，自治社区通过公开透明的链上治理模块运行，每项政策的制定和修订都有迹可循。这种机制正如T3RRA所言，将"公民身份从地理变成协议"，为全球融通打开大门。

面向未来，我们需要思考全新的制度安排。在一个人人可迁徙、身份协议化的世界里，将出现全球劳动力契约和跨城邦社会保障机制等概念。全球劳动力契约意味着所有数字公民在不同网络城邦之间劳动时，其权利和义务都有统一的国际协定可循；跨城邦社保机制则确保每个人的养老金、医疗和教育等社会福利在不同城邦间可以转换和继承。这些创新制度将为下一章的全民基础资产理论做好铺垫：当个体成为真正的主权公民，我们便需要超越国界的新型社会契约来保障每个人的基本生活与公平参与。

未来主权个体的数字生活方式

远程分布式工作与链上合约

未来的主权个体往往摆脱了朝九晚五的办公楼束缚，他们以"数字游民"的姿态穿梭世界各地，通过互联网和数字技术在任何有网络的地方工作。远程分布式劳动成为常态：他们加入跨时区的在线团队或去中心化自治组织（DAO），利用协同工具和区块链平台完成项目。职业活动不再受地理位置限制，个人能够在全球范围边工作、边旅行、边生活，追求前所未有的自由与灵活。例如，一位参与Web3创业的工程师在硅谷公司开启远程办公后选择回到北京，一边与世界各地同事深夜视频会议，一边白天自由安排生活——即使身处北京仍然赚取可观的美元收入。这类分布式工作的模式中，贡献者通过链上智能合约签署工作协议、接受任务和按绩效自动领取报酬，信任由代码保障而非传统中介。链上合约确保了合约条款的透明执行，减少了跨国雇佣的法律繁琐，每个人俨然成为一家"自雇的微型跨国公司"。数字技术赋予个体这样的自主权，也涌现出专门服务主权个体的工作平台：去中心化自由职业市场、DAO人才拍卖、按小时结算的加密薪酬流等，都让工作关系更弹性、全球化。总之，未来主权个体以数字身份行走天下，在虚拟协作空间中创造价值，远程分布式劳动和链上合约成为他们数字生活的基石。

教育与医疗的数字获取

在传统国家体系外，主权个体通过数字手段获取教育和医疗等关键服务。教育方面，他们不再局限于出生地的学校体系，而是可以自由选修全球最优质的课程：通过在线学院、元宇宙课堂或教育DAO来学习新技能，凭借虚拟现实和AI导师实现个性化终身学习。比如在未来的"XCITY"数字城邦中，学校引入了智能助教和人形机器人，实现"师生机"协作课堂，让每个学生都能获得定制辅导；同时利用虚拟现实和全天候AI答疑系统，为居民提供沉浸式的学习支持。每个人的学习成果都会以可验证凭证记录在链，形成数字学位或技能证书，便于跨社区互认。医疗方面，主权个体依托全球联网的数字医疗资源维护健康。他们可以远程咨询世界各地的医生，甚至借助5G远程手术让身处偏远地区的患者也能接受顶尖专家的手术治疗。服务机器人和AI诊断助手在数字城邦的智慧医院中普及，使个人无论身在何处都可享受高质量医疗。同时，个人的健康数据由自己掌控在分布式身份钱包中，需要时通过加密授权给不同医疗机构，实现"随身携带的病历"。在这样的数字生活方式中，教育和医疗被视作一种可迁移的权益——主权个体可以通过加入某个数字社区而获得相应的教育补贴或医保保障，即使迁徙到另一社区，这些服务权益也能随身份一起转移，不再受制于单一国家的户籍或社保绑定。

身份构建与信用积累

摆脱传统国籍桎梏的主权个体，会精心打造自己的数字身份。每个人在网络中首先取得一个去中心化身份（DID），充当其"数字护照"。这个身份通常通过一次性的强实名验证生成，具有全球唯一的身份标识符，由个人自主保管私钥来控制。在此基础上，主权个体不断为自己的DID增信：把学历文凭、职业执照、项目作品、纳税记录等凭证转换为链上可验证凭证（VC），链接到身份档案中。这些经过验证的数字证明构成了个人信誉的累积，成为可以跨越国界被承认的信用资产。正如有人将之形容为个人的"数字护照"，当一个人在一个国家建立的信用记录可以被另一个国家承认时，人才流动的障碍便大为减少。在未来的数字迁徙中，一个人的资格证书、健康记录甚至信用评分都会伴随其DID一同迁移，确保其权益不因地理位置改变而丧失。与此相应，隐私保护技术将赋予个体对身份数据的高度控制：他们可以选择性披露必要的信息（例如用零知识证明证明自己具备某资质却不泄露详细数据）。身份的自主性和可移植性使主权个体成为自身数据和信用的主人，也让他们能够在全球范围自由地建立信任关系、开展商业活动。例如，李明这样的数字游民在不同国家借贷时，只需出示由区块链钱包提供的收入和资产凭证，无需重复KYC审查。个人数字身份俨然成为连接虚拟与现实的桥梁——一方面，链上身份记录经过社区背书，足以证明持有者的权利义务；另一方面，这种身份正在逐渐获得现实法律框架的承认，被视为一种整合性的法律身份。未来，越来越多国家和机构可能会接受数字身份认证，为主权个体提供与公民身份证明同等效力的认可。这种自我主权身份的构建过程，使得个人不再依赖出身证明自己，而是可以通过"技术背书"来定义自己在数字社会中的地位。

去中心化治理参与

主权个体不仅是数字时代的公民，也是数字社区的积极治理者。他们通过去中心化身份直接参与各种在线自治组织的决策，实现"代码即法律"框架下的公民权履行。在数字城邦内，每个居民都有平等的渠道参与公共事务：提案、讨论并投票决定社区的发展方向。持有DID的个人可以通过链上治理模块发表意见，每一票都被记录在区块链上，做到过程透明、结果可追溯。例如，一位远程工作的设计师可能在甲城邦中作为公民投票决定一个公益项目的资金分配，又在乙城邦中参与关于教育改革的线上公投。这种多角色的治理参与通过数字身份来统合：无论他身在何地，其DID都保证了投票的唯一性和合法性，使其能够履行类似"公民选举权"的职责，而不受制于传统国境。研究者指出，数字公民身份被视为包含权利义务的法律身份，这确保了每位居民既被视为合法主体，又可在DAO和数字劳务体系中有效活动。因此，主权个体在不同网络社区中拥有真实的政治发声渠道，他们可以当选为虚拟市政委员、参与起草社区公约，甚至通过智能合约直接执行集体决定。值得一提的是，治理过程的公开透明增强了信任：每一笔资金使用、每一项政策变更都有迹可循，防止了暗箱操作和权力寻租。这种链上民主实践激发了公民的主人翁意识：当治理权由代码赋能给个人，参与政治不再是精英特权，而成为每位数字公民的日常。总而言之，去中心化治理为主权个体打开了一条超越传统国籍政治的参与通道，他们得以在多个数字城邦中同时履行公民责任，分享社区红利，从而真正实现"公民身份从地理转变为协议"的未来愿景。

主权个体与传统国家制度的张力

税收管辖与法律冲突

主权个体的崛起对传统国家的税收和法律体系提出了前所未有的挑战。现代民族国家的税收管辖通常基于属地或属人原则:要么以居住地、要么以国籍来界定纳税义务。然而数字游民们经常游走于各国之间,试图避免固定为任何单一国家的税务居民。这导致各国对"谁来征税"产生摩擦:如果一个人在A国远程为B国公司工作、收入经由加密货币支付,那么A国和B国都可能试图对这笔所得征税,或者出现都无法全面征税的真空地带。部分国家开始调整政策以适应这一趋势:例如,一些国家为吸引数字游民,干脆提供数年免税待遇或低税率优惠。但更多情况下,各国仍严格维护税基:美国依然坚持对公民的全球所得征税,即使侨居海外也不放弃征税权,这使得不少美国侨民不堪繁琐申报和双重纳税压力而选择放弃公民身份。法律适用方面同样存在张力。当主权个体通过智能合约达成交易或通过DAO寻求仲裁时,传统法律面对代码裁决往往无所适从。如果智能合约发生漏洞引发纠纷,各国法院该依据谁的法律解决?同时,不同国家对数字资产、远程工作的法律定义各异:有些国家将未持工作签证而线上工作的外国人视为非法就业,有些国家则没有明确法规。主权个体常在法律灰色地带生活:比如持旅游签证在当地长期远程办公,这在严格意义上可能违反移民法规,但许多国家目前缺乏有效监管手段。这种法律错配使个人面临风险:一旦与东道国法律冲突,个人可能被驱逐或罚款;一旦遇到网络犯罪(如资产被黑客盗走),传统警察和法院又往往鞭长莫及。在数字空间,代码和算法有时俨然充当"软法",而传统国家强调的"硬法"难以及时覆盖,于是主权个体在两种规则之间周旋,亟需新的法律协调机制来平衡技术自治和国家主权。

国籍身份与数字公民的冲突

当个人可以自由选择数字城邦的公民身份时,传统国籍概念正受到冲击。主权个体往往对出生国的依赖降低,更倾向于将自身定位为"全球公民"或某网络社区的成员。这种身份观念的转变在心理和法律层面都引发紧张:法律上,现行国际体系仍以国籍确定权利义务,例如领事保护、社保福利、选举权等都与国籍挂钩。如果有人自认为主要效忠于一个数字城邦而非出生国,会否被视为对国家的不忠?一些国家对公民参与外国政治尚且戒备，更何况一个不属于任何主权国家的虚拟共同体。中国等国家不承认双重国籍，虽然数字公民身份不等同于法定国籍，但若有人因加入数字城邦而放弃原国籍，势必造成身份真空和权益损失。此外，数字城邦可能制定自己的行为准则和价值体系，与传统文化和法律产生冲突。例如，一个提倡信息完全自由流动的网络社区成员，可能会挑战他所属国家的审查制度和法律禁令。这时个人将面临道德抉择：遵守数字社区的开放伦理，还是遵从物理国家的法律要求？再者，在征兵、纳税等义务方面，国家要求以国籍归属为基础，而主权个体若长期游离于国境之外，履行这些义务的动力和能力都会下降。这加剧了国家对"数字逃避者"的警惕，一些政府可能视主权个体为逃避监管与义务的"不良公民"。可以预见，未来国籍制度需要改革以应对数字公民身份的兴起。例如，有学者呼吁建立"数字身份国际法"，为跨国数字身份的承认和责任提供框架，使个人在数字空间的身份与现实国籍能够合理并行。而在此框架未出现前，国籍与数字公民身份的冲突还将持续，迫使每个数字迁徙者在虚拟归属与现实护照之间找到平衡。

各国对数字迁徙者的反应

面对愈发庞大的跨境数字迁徙群体，各国政府的反应举措各不相同。一些前瞻性的国家选择张开怀抱，以灵活政策吸引主权个体，将之视为提升本国数字经济活力的新机遇。截至2023年8月，全球已有48个国家和地区推出专门面向数字游民的签证类型，允许远程工作者在当地合法停留和工作。这些国家提供的优惠包括税收减免、签证流程简化以及基础设施支持等。例如，爱尔兰和匈牙利针对创新创业者出台特别税收优惠，以降低数字游民的税负刺激当地经济；又如日本推出"第二个家"计划，在都市和乡村都打造宜居宜工作的环境，并定制数字游民签证，使海外自由职业者和企业家能够一边为全球客户服务，一边深入体验日本生活。通过升级5G网络、建设共享办公空间和提供医疗保险等配套服务，这些国家希望以优质生活吸引数字迁徙者长期居留。与此相对，另外一些国家则表现出戒备甚至抵制的姿态。它们担心高收入公民借数字迁徙逃税避责，因而加强了全球征税合作和资本流动监控。例如，美国实施《海外账户纳税法案》（FATCA）要求各国金融机构报告美国公民的海外资产，以防财富借数字渠道外逃；欧盟则酝酿针对数字劳务的税收新规，避免成员间出现避税竞争。这些举措在一定程度上削弱了主权个体"游离于体系外"的空间。此外，一些发展中国家面对人才和财富外流的压力，开始反思如何留住本国数字人才，或通过外交途径寻求数字迁徙的国际监管。总的来看，世界各国对数字迁徙者的反应呈现"双轨"：一轨是竞争性吸引，通过优惠政策把自己打造成数字游民的乐土；另一轨是协作性监管，通过国际协议防范税基流失和法律逃逸。当越来越多的人选择数字迁徙，各国将被迫在开放与管制之间寻找平衡，以既享受数字经济红利又维护自身主权利益。

数字城邦之间的协作机制

社会保障互通与跨城邦福利

当主权个体能够自由"迁徙"于多个数字城邦，不同城邦之间有必要建立协作机制，确保个人的基本福利和社会保障不会因为身份切换而中断。未来可能出现跨城邦的社会保障互通协议，类似于国家之间避免双重征税和社保转移接续的条约。在这种协议下，每位数字公民拥有一个全球通用的社会保障账户，无论他当前隶属哪个城邦，其养老金、医疗保险、失业救济等权益都会记录在这个账户中。当个人从甲城邦"迁移"到乙城邦时，账户信息随身份一起更新，乙城邦能够承认其在甲城邦累积的保障权益，并继续提供相应服务。例如，前述那对跨国自由职业夫妇，丈夫作为去中心化社区的公民享有住房补贴和医疗保障，妻子加入另一网络国家获得教育津贴，他们的家庭因数字迁徙同时享有多地福利，而这些权利都被记录在跨链的社保协议里，实现了社保权益的无缝衔接。为防止有人利用多重身份重复领取福利，数字城邦联盟会采用区块链防欺诈技术：通过DID标识唯一个人，并利用零知识证明等手段确保一个人只能在一个账户下领取应得的福利。不同城邦可能按协议分摊流动公民的社保成本，或设立联合基金来结算跨城邦的福利支出。举例来说，如果一位数字公民在A城邦工作缴纳了养老基金，中途迁往B城邦居住养老，那么A、B两城邦将按照其协议约定，由A城邦转移相应基金到B城邦或由B城邦直接为其提供养老服务，而A城邦承担相应费用。这样，个人无论迁徙到何处，都无需担心"养老空窗"或医保断档。跨城邦社保互通机制的建立，将奠定数字城邦联盟的人道基础：保证每一个迁徙的个体都享有基本生活保障，避免出现数字游民在异地陷入社会安全网空白的现象。这不仅是对个人权益的保护，也是对不同城邦之间信任与合作的巩固。

身份认证互认与信用协约

数字城邦之间还需要解决的一个关键问题是身份认证的互通。为方便公民在各数字社区间自由往来，城邦联盟可能签署去中心化身份（DID）互认协定。遵循该协定，一个城邦签发并验证的数字身份，可以被联盟内其他城邦快捷认证，无需重复注册审核。例如，如果某人在X城邦已完成严格的实名KYC并获得DID，当他迁移到Y城邦时，Y城邦可以通过链上查询和密码学验证，迅速确认此人的身份和基本信誉，而不要求其重新提供身份证明材料。这类似于现实中国家之间互认电子护照和签证，但在数字领域将更为高效和自动化。技术上，不同城邦会采用共同的身份标准（如遵循W3C的DID规范），并运行跨链的身份验证节点来共享可信身份信息。每个公民的DID文档（包含公钥、证明等）可在联盟信任的链上访问，各城邦通过智能合约执行互认流程。例如，当一个数字公民申请加入新的城邦社区时，只需提交自己已有DID的验证请求，新社区的区块链系统会自动检查其身份签名和过往信誉记录。如果符合标准，新城邦即可授予其本地公民权限，无需重复背景调查。这种身份互认协作还将扩展到信用体系：各城邦可能建立数字信用联盟，把公民在不同社区的贡献度、信用评分打通。举例来说，某人在甲社区积极参与治理、遵守规则且贡献突出，获得了高等级的声誉代币，那么当他加入乙社区时，可凭这一信誉证明享受快速信任通道，比如更高的初始信任分、简化的信用审查等。这类似于旅客拥有"全球信任身份"，在新环境中无需从零开始证明自己。与此同时，联盟也会制定防滥用机制：如果某人在任一城邦因违规被吊销身份或降低信用评分，这些信息可按协议分享给其他成员城邦，以防范不良行为者跨社区反复套利。身份认证互认协约的达成，将极大降低数字迁徙的摩擦，使"多重数字公民"身份真正可行。个人能够更专注于创造和参与，而无需为了适应不同社区的身份要求而疲于奔命。长远来看，这种互认协定或许成为数字城邦联盟的宪章核心，奠定各成员之间信任共享的基础。

数据流动与服务对接标准

数字城邦之间的合作还需要涵盖数据和公共服务的标准对接。主权个体在不同社区切换生活，其个人数据（如医疗记录、教育成绩、社保缴费等）和所享服务需要随之流动，这要求城邦间建立数据流动与服务互通标准。首先，在数据层面，不同城邦应遵循统一的数据格式和隐私保护协议，让个人授权的数据在社区间安全流转。例如，医疗领域可以制定跨城邦的电子健康记录标准：当一名公民从A城邦迁居B城邦时，可授权将自己的链上病历数据分享给B城邦的医院，B方系统能直接解读并对接服务。这类似于现实中不同国家医院共享疫苗接种或处方记录，但通过区块链和加密技术实现更高的安全和精确匹配。又如教育领域，不同城邦的学习平台可以采用兼容的学习成绩链上证明格式，使学生转学至新城邦时，无需重复测试即可获得先前课程学分的承认。这背后需要城邦联盟推动数据标准化和互信机制，例如成立数字城邦标准委员会，制定关于身份数据、医疗数据、学历数据等的交换协议，并确保各城邦系统定期升级以保持兼容。其次，在公共服务对接方面，各城邦可以签订互惠协议，允许公民临时或部分地使用彼此的公共服务资源。例如，甲城邦公民在乙城邦短暂居住期间，可以按照联盟约定享受乙城邦的基础医疗和教育服务，其费用结算由联盟统一协调。这有点类似欧盟国家之间居民临时就医费用由各国社保体系结算的机制。为了实现这一点，不同城邦可能引入服务代币互换标准：即每个城邦将本社区的公共服务折算成一定额度的通用服务代币，当公民跨社区使用服务时，按标准消耗代币，各城邦再根据代币流动在后台清算资源占用。这种标准确保无论人在何处，都能公平享有联盟内部的服务，而服务提供方也能得到合理补偿。最后，数据与服务的对接标准还需强调安全与主权：数据流动必须以个人授权为前提，各城邦不得强制要求他国公民交出数据；同时，在涉及文化敏感或战略性的服务（如隐私保护级别、人工智能应用准则）上，各城邦也需通过协商确定共同底线，避免出现"服务漏洞"。总而言之，数字城邦之间通过协作制定数据和服务互通标准，将为主权个体的自由迁徙铺平道路。在这样的联盟框架下，一个人在不同数字城邦的生活将如同在同一体系内流动般顺畅：数据随行、权益随行、服务随行。这既体现了对个人选择自由的尊重，也是对多元城邦共同繁荣的有力促进。

* * *

展望未来，主权个体与数字迁徙所揭示的是人类社会组织方式的深刻变革。从个人维度看，每个体获得了前所未有的自主选择权，可以跨越地理和制度藩篱重新定义自己的生活；从制度维度看，传统国家正面临去中心化网络共同体的挑战与激荡。如何在保障个人自由的同时维护基本的社会公平和秩序？如何在国家主权和数字公民权之间找到新的平衡？

这些问题亟待创新性的答案。正如本章所述，我们已经看到一些雏形：链上身份、全球劳动力契约、跨城邦社保机制、数字城邦联盟……这些前沿构想为我们描绘出未来社会契约的轮廓。当个体真正成为主权在握的公民，我们也需要构建超越国界的新型合作体系，以保障每个人的基本生活与公平参与。在下一章中，我们将进一步探讨其中的经济基础——全民基础资产如何作为支撑，全方位地推动这一崭新社会的形成。

第四章 AI冲击与全民基础资产

我们正处在前所未有的技术革命时代。人工智能与机器人技术迅速渗透各行各业，重塑着生产力和就业结构。根据世界经济论坛报告，到2030年，技术变革与其他宏观趋势将创造约1.70亿个新岗位，但与此同时也会淘汰9200万个现有岗位。这些数字背后，是千万家庭的前途与安危。国际货币基金组织分析指出，全球近40%的工作岗位将面临AI影响；在发达国家，这一比例高达约60%，而发展中国家也达40%左右。经济合作与发展组织的调查也显示，在其成员国中约有28%的岗位属于高度自动化风险岗位，这些岗位主要由低技能、年轻男性工人担任。换言之，一旦技术革新浪潮来临，大量熟悉重复劳动的人群将面临被取代的危机。面对这样的现实，我们不能坐以待毙：唯有直面挑战，主动改革，才能开辟新局。

劳动市场的洗牌

被替代的岗位与行业

在这场洗牌中，最先受到冲击的是那些高度例行化的工作。报告预测，一些传统的文职和服务类岗位需求会显著下降：例如收银员、票务员、行政助理、文秘、印刷工人、会计审计员等职位将日渐稀缺。制造业的生产线工人也正被自动化设备取代——机器人正大规模替代流水线上的重复体力劳动者。不仅如此，AI的触角已超出传统预期，金融业的风险评估师、语言翻译和口译员等以往被认为需要高智力的职位，也开始面临智能算法的竞争。经济社会的转型往往带来阵痛：一位退休的卡车司机无奈地说，"我每天跑几百公里运货，如今道路上却多了自动驾驶卡车。"没有新的出路，这让他陷入迷茫。然而统计告诉我们，这并非个别现象，而是全球范围内的趋势。如同一场风暴来袭，原本稳定的就业天地被撕裂出裂缝。

新兴的职业与增长领域

危机也是转机。技术浪潮不仅消灭旧岗位，也创造新职业。世界经济论坛报告列举了未来增长最快的职位类型：大数据专家、金融科技工程师、人工智能/机器学习专家、软件开发人员等科技驱动型岗位将需求大增。同时，绿色经济和智慧城市建设催生的岗位也增长迅猛，例如自动驾驶与电动汽车专家、环境与可再生能源工程师等。再加上人口老龄化带来的护理需求，护理专业人员、社会工作者和生活辅助服务人员等人文关怀型岗位的数量也会明显增加。简而言之，新兴岗位既需要高新技术技能，也需要人文关怀与创新思维。从数据看，农林牧渔等传统行业由于数字化和绿色转型，也将迎来约3500万的新需求，只要我们转变观念，就能抓住这些机会。

- 被淘汰的岗位：主要是例行化较高的生产制造和传统服务业职位。如前述收银、票务、行政等工作，以及流水线装配工，因机器人普及而不断减少。

- 快速增长的岗位：包括大数据与人工智能领域、绿色能源与环保技术、以及老龄化社会所需的护理与社工岗位。这些职位连接科技与民生，是未来的就业主力。

- 未来所需技能：世界经济论坛预计，到2030年，近39%的关键工作技能将发生变化。其中，技术技能（如AI、大数据、网络安全）需求增长最快，同时创造力、灵活性、韧性、领导力等软技能也更为重要。

面对这样的变局，我们每个人都需要提升自我、学习新知。然而，单靠个体努力难以消除失业风险，也无法直接解决财富分配不均的问题。正如IMF总裁所言，这一轮AI变革既有机遇，也有风险，需要一系列新政策来确保社会利益。我们主张创新社会契约，从制度层面分配技术红利，让每个人都成为这场变革的受益者，而不是牺牲品。

全民基础资产的制度回应

传统的社会保障制度和税收再分配体系，在AI时代面临巨大挑战：就业不稳定、收入两极化加剧。单纯提高失业救济或教育经费，无以为继；而全民基本收入（UBI）虽经常被提及，其成本却高昂且难以持续。与之相比，我们提出全民基础资产（Universal Basic Assets, UBA）方案：通过让每个公民享有机器人，机器人即资产，共享国家和社会的技术红利，建立新的公平机制。

简言之，就是给全民分配机器人，让人协助机器人，机器人成为主要生产力。

通过这些安排，每位公民都拥有并受益于国家财富的一部分，这不仅是物质的补偿，更是尊严和参与感的体现。它意味着不论你是一线工人还是服务业者，每个人都能分享到机器生产力提升带来的"算力红利"；这是一种新的社会契约，将科技进步的果实汇聚到人民手中，而不是集中到少数人腰包。

机器人即资产：全民基础资产的愿景与实践

在人工智能时代，让每个人都拥有一台属于自己的机器人不再只是科幻场景，而是重塑社会契约的大胆愿景。这一构想的核心在于：将机器人视为公民的基本资产，人手一台机器人成为共享技术红利的新机制。当机器人替我们承担大部分劳动，人类将从繁重的生计压力中解放出来，迎来"人人高收入"的富足时代。正如特斯拉创始人埃隆·马斯克所预言的那样，未来几十年数百亿台机器人将涌现，每个人都会想拥有自己的"R2-D2"或"C-3PO"那样的智能伙伴。生产力的爆炸式提升将使商品和服务极大丰富，"没有人会缺少需要的东西"。这一图景描绘了一个技术丰饶的未来：在这个未来里，科技造福全民而非少数精英，因为每个人都以机器人为工具参与经济创造。

但是，要实现这样的乌托邦，我们必须解决一个关键问题：如何公平分配机器人创造的财富。如果自动化红利依旧被少数资本所有者攫取，那么所谓"全民富足"只会沦为空谈。为此,我们提出的全民基础资产(UBA)制度应运而生,其核心就是"机器人即资产"的社会设计。具体而言,国家或社区将为每位公民提供一台标准化的智能机器人作为基础资产。这台机器人可以被视为个人名下的"数字劳工"或"机械员工",它在经济活动中所获得的产出归个人所有。不同于传统的全民基本收入(UBI)直接发放货币,我们的方案让每个人直接拥有生产工具,从而分享技术进步带来的收益。这不仅是一种物质保障,更是身份与尊严的体现:每位公民都成为生产资料的持有者,站在了技术时代的舞台中央。

从制度设计上看,"给全民分配机器人"需要强大的政策与技术支撑。首先,政府和社会需要建立机器人分配与运营的公共平台。可以设想由国家出资设立"机器人主权基金"或公营企业,大规模采购农业、制造、服务等各领域的智能机器人,然后按照人口公平分配给个人使用。每台机器人都通过数字身份注册在链上,成为一个独立的经济单元,能够自动记录产出并结算收益。这一切通过区块链和物联网技术实现:每个机器人拥有唯一的链上身份ID,接入智能合约后可自主执行任务、获取收入并上缴至对应公民的账户。例如,在未来的智慧城市中,一台配送机器人完成了一天的社区快递派送后,它的收益将自动结转为数字代币打入主人账户;若需要维护和能源,机器人还会自主支付费用,整个过程透明且无需人工干预。这种"机器即经济单元"的设计,让机器人可以像个人一样进行经济活动,却始终服务于它的人类主人。

不仅如此,机器人资产平台还需要智能的任务调度机制,确保每一台分配给个人的机器人都能充分发挥价值。这里,可以借鉴共享经济和市场拍卖的模式:由AI驱动的调度系统实时汇总社会各领域的用工需求,把合适的机器人匹配给相应任务。例如白天某人的机器人为市政施工部门铺设道路,夜间又被派往工厂值守生产线。个人可以设定偏好(如优先服务社区或获取高收益任务),其余由AI撮合执行。这种机制一方面避免了机器人闲置浪费,另一方面也保证每个公民都从机器人劳动力中持续获益。对于缺乏技能或不愿亲自管理机器人的人,公共平台还可以提供托管服务——专业的机器人运营团队代为管理维护,让每位公民都不用担心技术门槛。归根结底,制度设计的目标是让机器人资产像水电一样普及,人人都能方便地"支配"自己的机器人去创造价值。

实验场景：XCITY的机器人公民计划

这一愿景并非空中楼阁，在一些前沿试验中已经初露端倪。以我们构想的未来城邦XCITY为例，这座现实与数字融合的原型城市正是"机器人即基础资产"的试验场。在XCITY中，人类居民、数字公民和机器人并存协作，形成了独特的共生经济结构。XCITY通过UBA制度确保每个人都拥有基本的机器人权益：每位居民在成为数字市民时都会领到若干台机器人名额，他们可以远程"雇佣"这些机器人在XCITY的现实产业中工作。举例来说，一位居住在海外的数字公民，可以通过网络指挥自己在XCITY的两台机器人——一台在太阳能农场维护光伏板，另一台在工厂流水线参与生产——两台机器人每天产生的收益按智能合约自动汇入这位公民在链上的账户。这意味着，即使身处异地，他也能以数字身份参与XCITY的建设并获得经济回报，实现了"劳动力像资本一样自由流动"的理想。

XCITY还赋予机器人正式的"公民身份"。城市区块链系统为每台机器人创建独立账户和ID，登记它的任务、收入和状态。当机器人完成城市分配的工作后，它的收入会自动按既定规则分配：一定比例归机器人所属的个人所有，另一部分用于机器人自身的能源和维护开支，可能还有少量缴纳到社区共同基金，用于公共服务开销。这实际上建立起机器人劳动与人类收益挂钩的新型分配制度。例如，XCITY的一位本地青年可以同时拥有城市里的两名"机器人员工"：一个机器人负责照料自动农场的蔬菜种植，另一个每日清扫街道、维护公共设施。这两名机器人产生的农业收入和市政服务薪资，每周都会自动结算一笔"机器人工资"给到这位青年。这种模式让人在睡梦中也有收入进账，因为机器人在替TA打工。更重要的是，人们对自己的机器人拥有完全的财产权和一定的治理权：他们可以通过手机应用实时查看机器人状态、任务进展，必要时远程干预决策；也可以参与社区投票决定机器人大军的整体升级方向，比如提议用更环保的能源或部署新的AI模块等。个人有产出收益的权利，也承担维护升级的责任，从而在财富分配和责任担当上达成平衡。

当然，大规模实践"每人一机器人"仍面临不少现实挑战。首先是硬件成本与技术成熟度的限制。尽管机器人价格近年来大幅下降——例如中国企业推出的Unitree R1人形机器人售价已低于6000美元，大大低于过去同类产品的价格——但要为数以亿计的人口配备机器人，前期投入依然庞大。这需要政府投入和产业发展的良性循环：随着机器人生产的规模化，成本有望进一步降低，使普及成为可能。马斯克曾表示特斯拉的目标是年产百万台人形机器人，并乐观预测未来机器人数量将达数百亿台。如果这一趋势成立，那么在不久的将来，人均一台机器人并非不可想象。此外，技术方面也需突破——确保机器人足够通用，能够胜任多种岗位；AI足够智能，能够自主处理复杂环境；网络足够安全，杜绝黑客劫持机器人大军等。制度层面则需要配套措施：例如立法明确机器人作为财产的法律地位、责任归属和事故赔偿机制；建立机器人伦理与监管框架，防止不当使用。同时，要有再教育和培训体系帮助公众学会与机器人共处，共同工作。正如有人担心的，如果自动化来临人们毫无准备，反而可能带来社会动荡。因此，在推进"机器人即资产"方案时，社会各界需要协力应对技术失灵、就业转型等潜在难题。但值得庆幸的是，这些挑战都在我们的预见与掌控之中——通过试点城市的摸索和政策调适，我们有信心逐步完善这一体系，为全面铺开积累经验。

最后，从宏观经济角度看，"全民机器人"带来的影响是革命性的。收入结构将更加多元且平等：公民收入不再仅仅来自工资，还有一大块来自机器人资产收益。这有望缩小资本与劳动收入差距，让每个人同时扮演劳动者与资本家的双重身份。当人人都是机器人生产力的所有者，技术进步所创造的财富将以更平滑的方式流向全民，而非集中于拥有机器人的大资本家手中。劳动伦理也将被重塑：人们不再把谋生当作唯一目的，而是把工作视作自我实现和社会贡献的渠道。因为基本生活有了机器人提供的保障，个人可以更自由地选择从事热爱的事业或公益，而不用担心温饱。这种转变正响应了我们对未来的期许——工作应当是为了快乐和价值，而非生存压力所迫。社会稳定性也将因此提高：当失业不再等于贫困，技术变革带来的阵痛会大大减轻。相反，人们把机器人视为助手和资产，而非威胁，对AI的接受度和参与度都会提升，全社会形成良性循环，共同拥抱技术带来的繁荣。

人协助机器人：AI时代的劳动新范式

"机器人即资产"解决了生产成果如何公平分配的问题，但同样重要的是，我们如何重新定义人和机器的分工协作，以避免大规模失业并凸显人的价值。面对人工智能的崛起，我们主张一种"人协助机器人工作"的新劳动范式。这听起来有悖常理——过去一直是机器人辅助人类，现在却倒过来了。然而随着AI和机器人逐渐胜任大部分标准化工作，人类在许多领域不再是直接的执行者，而转变为指导者、创意者和监督者的角色：机器人承担主要生产任务，人则为机器人提供方向性的协助和支持。正如XCITY的社会模型所描绘的：未来的协作体系是"人类+机器人+AI"三层分工——人类负责创造、决策与治理方向，机器人负责执行、生产与维护，人工智能负责协调、优化与学习。这种三位一体的协同，将成为AI社会的基础架构，使得人机共存各得其所、各展所长。

在这一新范式下，人与机器的关系更像伙伴而非对手。我们可以想象未来各行各业涌现出许多人机协作的新典范：

- 农业领域：过去一位农民也许要面朝黄土背朝天地劳作，如今他可以同时管理多台农业机器人。白天，播种机器人、施肥无人机在田间忙碌，农民则坐在控制中心通过监控画面查看作业进度；傍晚，他巡检田野，处理少数机器未能识别的病虫害或机械故障。这种模式下，一个人协助一支机器人队伍即可耕种数百亩土地，大幅提高了生产效率。农民从体力劳动者变成"农业指挥官"，运用经验决策播种策略，由机器人去执行具体操作。他的价值体现在多年积累的农业智慧和对非常规情况的处理上，机器人则负责日复一日的重复劳动。人机协作让农业产能爆发式增长，同时也让农民摆脱了繁重体力活，转向技术管理角色。

- 制造业与服务业：工厂车间里，流水线上的机械臂高速运转，机器人工人24小时不知疲倦地装配产品；在它们周围，人类员工穿梭其间，并非亲手装配，而是在维护、培训和监督这些机器人。同样，在餐厅、酒店等服务业场景，机器人服务员、清洁机器人承担了大部分简单重复的工作，人类服务人员则专注于迎宾沟通、处理特殊需求和营造氛围等更高层次的服务。这意味着许多传统职业将转型：流水线工人可以转岗为机器人操作员或设备维护师，定期检查机器人状态、为机器人升级软件；餐厅服务员变成"客户体验经理"，与机器人搭档为客人提供更周到的服务。一线岗位不再需要大量人工，但新的协作岗位纷纷涌现，人机之间形成类似同事的关系——机器人负责标准流程，人类负责个性化和应变，由此共同完成工作。

- 教育与医疗：这是两个高度需要人文关怀的领域，人机协作的意义尤为凸显。未来的课堂上，教师不再孤军奋战，每位老师都会有AI助教和教学机器人相伴。智能助教为每个学生提供个性化的练习和即时反馈，教学机器人可以示范实验或带来沉浸式互动，而老师则将主要精力放在创造教学内容、启发思考和情感交流上。通过"师生机"三方协作，学生既能享受科技带来的定制化学习，又能得到教师的人格关怀与启迪。医疗护理方面亦是如此：医院里诊断AI系统高速分析医学影像、提出初步方案，护理机器人负责运送药物、监测患者体征、协助病患复健，而医生和护士则将更多时间用于与患者沟通、制定治疗决策以及提供心理支持。机器的精确与人的温度相结合，既提高了效率又确保了医疗的人文品质。在这些领域中，机器没有取代人，反而放大了人的价值——教师和医生从繁琐事务中解放出来，能够投入更多专注于创造力和同理心，这恰恰是AI无法取代的珍贵品质。

- 城市治理：未来的智慧城市管理也将体现人机合力的模式。市政管理部门配备了大量巡逻机器人、环境监测无人机，它们日夜不停地收集城市数据、执行基础维护，比如清扫街道、监测空气质量、巡查安全隐患等。而人类管理者则通过城市AI中枢获取分析报告，在宏观上决策调度。一旦发生突发事件（火灾、地震等），机器人可以第一时间响应、执行紧急任务，但最后的综合判断和人文关怀式的安置仍需人类官员拍板。可以说，未来的城市管理员更像"指挥交响乐的指挥家"，手下是无数自动化工具演奏城市运行的乐章；他本人则根据城市的需要和市民的反馈，调整各个部分的节奏与重点。这样的协作让城市更高效且富有人性：机器守护城市的日常，人在关键时刻注入智慧与关怀。

通过以上种种案例可以看到，"人协助机器人"并不意味着人无所事事、坐享其成。相反，人的工作重心从体力和简单智力劳动转向更高层次的职责。人在协助机器的过程中，发挥的是机器不具备的独特能力：创意、审美、情感交流、道德判断、战略规划等等。机器人越普及，这些人类独有的能力就越显得珍贵。比如，当AI写作新闻、绘画漫画渐渐普及时，人们反而更渴求由人类创作、饱含情感与灵魂的艺术作品；当自动化服务无处不在，面对面的人工服务将成为奢侈品，真正富有创意和同理心的人才会获得前所未有的尊重。

新的劳动范式也将缓解就业危机，实现技术与就业的双赢。过去每一次技术革命都会淘汰旧岗位，但也催生新职业。AI时代也不例外：虽然某些岗位被机器人取代，但新的协作岗位、大量以人为中心的角色正在崛起。我们已经看到"AI训练师""机器人工程技师""人机交互设计师"等新职业的出现，就是人协助机器工作的直接产物。甚至可以预见，一个全新的职场生态正在形成：每个人的身边可能都有AI助手，每个团队里既有真人同事也有机器人同事。企业会需要"首席人机协作官"这类角色，专门负责优化公司内人和AI、机器人的协作流程；公共部门会涌现"AI伦理监督员"，确保智能系统的决策符合人类价值观；服务业里，"机器人训练师"会像今天的班组长一样常见，指导成批机器人更好地完成服务。从数量上看，人类工作的总量需求可能下降，但工作的内涵将大大丰富。许多重复机械的岗位消失了，却让位给更加多样、富有意义的工作。尤其是那些强调创造力、社交互动和跨学科综合能力的岗位，将因为机器的加入而释放更大价值。

更为根本的是，人的角色转换将避免大规模失业的社会危机。当每个人都拥有机器人资产带来的基本收益保障时，即使旧工作消失也不致于陷入生存困境。而新的协作机会不断出现，社会可以通过培训、教育引导劳动力转向这些领域。政府和企业需要共同投入再教育计划，让因自动化而失业的人迅速掌握与机器人共事的新技能。例如，当自动驾驶车辆普及后，大批司机可以接受培训转岗为交通系统监控员、车队机器人维护师，或者进入服务业发挥人际交流优势。教育体系也需改革，强调人机协作技能和创造性思维的培养，为下一代做好准备。在这种转型过程中，关键是给予劳动者充足的缓冲和支持，使人才得以从"被机器人替代"转变为"与机器人并肩"。幸运的是，UBA提供的经济安全网将保障这一进程平稳推进：因为基本生计无忧，人们可以更从容地去学习新本领、尝试新职业，而不至于在技术洪流中迷失方向。

让我们通过一个虚构的故事，更直观地感受人机协作的未来图景：

案例：乡村教师Alice的智慧课堂

Alice是一位偏远山区的乡村教师。AI浪潮到来时，她一度担心自己会被网上的智能教学平台取代——那些AI导师不知疲倦、学识渊博，还能根据每个孩子的薄弱环节定制教学方案。然而UBA政策的实施令她安心下来：学校为每位教师配备了AI助教和平板机器人。起初Alice还有些犹豫，不知如何与机器搭档。但很快，她发现这些智能助教是得力的伙伴：它们帮学生批改作业、解答简单提问，让Alice有更多时间一对一辅导有困难的孩子；课堂上，Alice讲授天文知识时，旁边的人形机器人马上投影出浩瀚星空，生动演示行星运转。孩子们惊喜地被深深吸引，求知欲前所未有地高涨。慢慢地，Alice摸索出一套"师机协同"的新教学法：由AI根据每个学生的水平布置差异化练习，机器人辅助展示实验和多媒体内容，她自己则专注于启发式提问和引导讨论。班里的成绩显著提高，更难能可贵的是，孩子们依然最喜欢Alice老师温暖的笑容和鼓励的眼神。毕业典礼上，几个学生送给Alice一张卡片，上面写着："谢谢您带领我们，AI老师很聪明，但您让我们感到被关心，这一点机器人永远不会。"Alice读着卡片，感慨万千——技术并没有让她失业，反而拓宽了她作为教师的价值。"有了AI，我反而能做以前没空做的事，让每个孩子都被看见。"Alice由衷地说。如今，她不仅没有被时代淘汰，还成为全县有名的数字化教学带头人，经常在培训中向其他教师分享人机协作的经验。Alice的故事证明，在AI时代教师的价值不减反增：技术赋能教育，但人类传道授业解惑的角色不可或缺，而且变得更加高尚充实。

通过Alice的经历，我们看到未来的劳动图景中，人并非可有可无，而是扮演着机器不可替代的新角色。人的价值将在AI社会中得到升华：当体力和routine 智力劳动让位于机器，我们将更专注于人类独有的领域。从这个意义上说，机器人越先进，越能促使我们反思"什么是人类独特而宝贵的能力"，从而更加珍视创造力、同情心、伦理道德等品质。科技发展到最后，会迫使我们回归人性的本源，发扬那些机器永远无法拥有的美德。

综上所述，"机器人即资产"和"人协助机器人工作"这两大战略构想相辅相成，共同勾勒出AI时代的社会蓝图：每个人都有机器人资产保障衣食，无需为生存而惶恐；每个人也都有发挥所长的舞台，与智能机器协同创造，让工作重新焕发出意义和乐趣。当这样的新范式深入人心，我们不再害怕人工智能抢走饭碗，而是把它视为新的生产要素、一种公共福利。就像工业时代普及电力让千家万户受益一样，智能时代普及机器人将让整个人类的福祉跃迁到新高度。我们将迎来一个人人安居乐业的新时代：那里，白天机器人为我们辛勤劳动，夜晚我们拥抱家人、追逐梦想；那里，技术进步不再意味着有人掉队，而是所有人携手前行。

展望未来，这场有关机器人和人类的新社会试验才刚刚开始。XCITY等先行者已经在探索道路，而更广大的现实世界终将参与进来。我们或许会经历调整和磨合，但方向已经明确：把机器人作为全民的基础资产，让每个人都有资本可享；把人类提升为机器的导师和伙伴，让每个人都有价值可创。当这一切实现之日，人类社会将完成一次凤凰涅槃式的蜕变。科技不再是悬在头顶的达摩克利斯之剑，而成为托举全民向上的基石；工作不再是沉重的枷锁，而化作自由创造的乐章。这样的未来，正是我们这一代人可以为后世留下的宝贵遗产。让我们怀着人文关怀与战略远见，坚持这条道路并肩前行——因为在这幅宏伟的蓝图中，每一个普通人都是主角，每一个梦想都将绽放光芒。只有这样，我们才能真正跨入"我们的城邦"，迈向一个人人都是建设者和受益者的AI新社会。

第五章 超级城邦：
技术时代的制度平台

超级城邦是一种全新的社会组织形态，它不同于传统的城市或国家，也超越了普通经济体和企业组织的范畴。它基于先进技术构建，由自治社区和个体共同组成的网络系统。本文将阐述超级城邦的制度逻辑及其核心特征，并将其与传统模式和新兴形态作对比，从权力结构、治理机制、归属认同和经济逻辑等方面展示其全面进化。

六大结构性特征

超级城邦具有以下六大结构性特征：

- 自治化：超级城邦强调基层社区和个体的高度自主管理，每个子单位都拥有制定自身规则的权力，实现自我组织和自我调节。组织架构呈现分布式自治实体的形态，各级社区通过内部共识机制保持协同，而非传统政府的垂直指令链条。借助技术工具（如区块链智能合约）保障自治功能，不依赖任何外部集权领导。这种自治化意味着超级城邦在治理上更加灵活，决策源于社区成员自身意愿，而非单一权力中心。

- 去中心化：在超级城邦中，权力和资源分散而非集中。传统国家由中央政府主导，权力高度集约，而超级城邦将决策权、财产权下放到社区和个体层面。借助分布式账本和智能合约技术，每个人都可参与治理，无需依赖任何唯一的主导方。平台治理模式凸显"无界性"这一核心属性，意味着治理跨越地域限制，形成多中心、全网格化的结构。这种去中心化架构既避免了权力滥用，也让每个节点都能充分发挥作用。

- AI辅助治理：超级城邦将人工智能全面融入治理体系，实现自治与智能并行。政府和社区机构利用先进的AI算法对海量数据进行实时分析和预测，提前预见风险并优化政策制定。使用AI的政府可以执行更强大的预测性分析，帮助解决外部威胁检测、健康危机、通货膨胀等重大任务。通过了解可能很快发生的情况，决策者能够更明智地做出选择。在超级城邦内，AI不仅用于辅助决策，还可由算法监督和相互纠偏，建立高效的"人机共治"机制。整体而言，AI辅助治理使公共管理更加精准、智能和高效。

- 全民基础资产：超级城邦经济基于全民基础资产（Universal Basic Assets, UBA）模型，机器人即资产。与传统"按需发放现金补助"不同，对符合条件的XCITY居民给予免费的基础资产即机器人使用权，机器人即资产，让居民协助机器人工作。每个社区成员均可平等使用这些资源，解除生存焦虑，从而更专注于创新和自我实现。全民基础资产体系为社会成员提供了坚实底盘，构建了更加公平和可持续的经济格局。

- 主权个体：在超级城邦中，每个人都是拥有自主权的主权个体。传统国家往往将个人视为臣民，主权归国家所有；而超级城邦承认个体自主性，赋予个人更高的行动自由和选择权。正如《主权个人》一书所预言，数字技术时代个人将获得前所未有的自主权，能够脱离对国家的依附。超级城邦的制度设计确保个体身份和权利不可剥夺，鼓励公民通过直接参与社区治理和合作经济来行使主权。每个个体既是制度的参与者，也是受益者，其自由与责任在制度层面得到平衡与保障。

- 数字治理：超级城邦的治理全面依托数字技术，打造"网络化"的治理平台。它不仅使用大数据、云计算、区块链和人工智能等前沿技术进行城市管理，而且推动管理理念和流程创新。正如国家领导层所提出的，从数字化到智能化再到智慧化，让城市更加"聪明"是治理现代化的必由之路。在超级城邦里，各种公共服务和治理流程都在数字平台上运行，实现全流程可视化、智能化和高效协作。政府机构或自治组织在平台上协同工作，实时共享信息，快速响应社会需求，使得治理体系前所未有地灵活、透明和可追溯。

制度演进：传统、过渡与新兴形态的对比

下面从权力结构、治理机制、归属认同和经济逻辑四个方面，对比传统民族国家、过渡形态（如经济特区）与新兴形态（如DAO）与超级城邦的区别，说明超级城邦制度的全面进化。

- 权力结构：传统民族国家中，主权属于国家，权力沿等级化体系自上而下集中在中央和国家机器手中。政府制定法律并拥有对公民的暴力垄断和资源分配权。经济特区则是国家授权的地区，在形式上享有较高自治，但实权仍受国家机构约束；它们多作为中央推行开放政策的实验载体。DAO等新兴组织形式则突破地域和组织形式的限制，权力分散到网络节点与社区成员。DAO是一种基于区块链的新型组织形式，不存在中央领导者或管理者，而是通过智能合约实现自我控制并由代币机制参与共治。相比之下，超级城邦构建了混合的多极分布式主权框架：它既保留必要的公共职能（如安全、司法）的协同机制，又赋予自治单元灵活的决策空间，并通过技术平台动态分配权力。最终，权力不再是某一机构的专享，而是在参与者间循环流动，形成无中心的自治网络。

- 治理机制：在传统模式下，治理主要依靠官僚机构和法律体系，通过行政命令、中央计划等方式来管控社会与经济。经济特区则在治理上允许试点改革、简政放权，但重大决策往往仍由党政主导。DAO的治理机制则是代码和共识：社区成员根据智能合约进行提案和投票，决策自动执行，极大程度上削弱了人工审批的必要。在超级城邦里，这一机制得到了发展和整合。它打造了数字化的治理平台，集成了多源数据和人工智能进行全局管控。例如，平台治理模式具有数字化、感知性、互动性、无界性和智慧

化等核心属性。超级城邦的公共决策不仅可以在社区内民主预
演、众人协商，也可以通过AI模拟评估其整体影响，实现人机互
补。与过去封闭的行政流程相比，这种治理模式极大提升了协同
性和效率。

- 归属认同：传统民族国家塑造基于领土和民族的身份认同，通过
  国民教育、文化符号和边境划分巩固公民归属感。经济特区的居
  民身份认同更多与当地经济利益和发展前景相关，但政治归属通
  常仍属于国家体系。DAO社区则以理念和共识为纽带，参与者以
  对项目目标和价值观的认同形成社群归属，而地域界限不再重
  要。超级城邦进一步将认同多元化：成员一方面与超级城邦社区
  共享愿景、协议和治理权，另一方面仍可自由保持对故土或其他
  群体的情感连接。总体而言，超级城邦的认同超越了地理疆界，
  围绕共享价值和公共资源展开。如研究所指，数字时代人们的认
  同感正在从领土国家向数字社区迁移，这正是超级城邦认同逻辑
  的生动写照。

- 经济逻辑：传统国家经济以本币和税收体系为核心，国家通过收
  入再分配提供公共服务和保障，大企业和金融机构往往占主导地
  位。经济特区则更多依靠市场化手段和政策优惠吸引外资，推动
  出口导向型增长，但其经济结构往往强化了资本积累和国际贸易
  的作用，内部社会福利创新不足。DAO经济则基于去中心化金融
  模式，以加密代币为流通媒介，项目成员通过持币获得收益，共
  同维护项目生态。其经济活动完全由协议规则驱动，跨越法币体
  系。超级城邦的经济逻辑以全民基础资产为根基。它兼顾私人资
  产、公共资产和开放资产的多元配置，使每个人都能在合作共创
  的生态中参与价值创造。货币在其中可能只是交换媒介，真正的
  价值体现在对房产、知识产权、社区基金等资产的共享与增值
  上。通过这种模式，超级城邦实现资源的再分配与共建共享，朝
  向更具包容性和可持续性的经济秩序演进。

综上，与传统国家和各种过渡形态相比，超级城邦在制度层面实现了多方
面的升级与创新。它融合并超越了民族国家的组织优势、经济特区的创新
试点和DAO的技术治理，形成了一种崭新的社会运行机制。在这种机制

下，权力更加分散而富有弹性，治理更加数字化而高效，认同更加开放而多元，经济更加普惠而创新。

新型制度平台的根本意义

超级城邦不仅是一个城市，也不仅是一个组织；它更像是一套可复制、可分布、可进化的社会治理"操作系统"。其根本意义体现在以下方面：

- 可复制性：超级城邦的制度设计具有高度普适性。只要满足相应的技术条件与社会共识，任何社区都可以基于相同的协议和规则快速复制该模型，形成新的自治体制。无论在何处，只要搭建了相应的数字平台和治理框架，就能启动超级城邦模式，为当地带来自治与繁荣的机会。

- 可分布性：超级城邦的结构不依赖单一地域，而是分布式的社会网络。其成员通过互联网和数字化平台跨越国界连接在一起，形成空间上的多节点协作。一个超级城邦可以并行运行于多个地区或在线网络中，各分支之间共享制度资源与治理经验。这种分布式特性打破了传统国家地域限制，使社会组织成为全球性的多中心网络。

- 可进化性：超级城邦如同一个可持续进化的操作系统，其制度规则和治理工具能够根据内部需求和科技进步持续迭代更新。新的自治实践、技术创新和社会契约都可以像软件升级一样被整合进来，增强系统功能、修复缺陷。长期来看，这意味着超级城邦具备高度的韧性和活力，能不断适应不确定的未来。

总之，超级城邦作为制度创新的平台，提供了一个前所未有的实验场，它以技术为杠杆，以每一个个体为节点，重新定义了政治共同体的边界和运行方式。它的出现，揭示了在AI时代社会组织形态可能的未来——一个可复制、可分布、可进化的开放式治理体系，将为人类社会探索出新的发展路径。

第六章 天时

时代交汇：多重危机的交锋

如今，我们正站在人工智能、能源转型与全球治理等多条历史大势的交汇处。专家普遍认为2030年前实现AGI（通用人工智能）具有现实可能；与此同时，绿色能源革命也才刚刚起步——2023年全球仅有约30%的电力来自可再生能源。例如，2022年以来，生成式AI技术如火如荼地发展，ChatGPT等应用席卷全球，引发对未来社会变革的思考和担忧。再看能源领域，随着全球对碳达峰和碳中和的承诺，传统化石燃料行业面临剧烈震荡，新能源企业和清洁技术吸引着大量投资和政策支持。在这样的时代风口，科技创新的洪流汹涌而至，传统能源与环保压力并行，资本在新旧动能之间洗牌重组，我们亟需理性认清时代的脉络与挑战。这场革命已经开启，任何守旧力量都无法阻挡历史的洪流向前。

与此同时，全球制度体系错位加剧、社会信任危机正在恶化。世界经济论坛报告指出：国际合作正在停滞，早期迹象已显现出信任下降和贸易分裂。人们对政治干预创新的担忧日益加剧，"这种看法正在侵蚀那些负责引领我们应对变革的机构的信任"。传统国家和国际组织在跨国事务中捉襟见肘，全球治理空白不断扩大。在技术冲击与制度真空交织的当下，矛盾已积聚至临界点。

正是在这样的交汇时刻，我们迎来了难得的机会窗口。一方面，技术创新的前沿领域要求快速迭代，必须同步更新制度和规范。正如世界经济论坛所说：政策、规范和法规跟不上创新的步伐，需要紧急填补这一空白。另一方面，论坛也强调"我们已经跨入智能时代……机会窗口狭窄"，呼吁通过集体行动和负责任的领导尽快把握变革机遇。还有分析提醒我们：在地缘政治紧张、技术爆炸的背景下，缺乏共同护栏不仅是治理失败，更将成为全球性风险。换句话说，如若这一代人放弃了探索新制度的尝试，未来的代价将无比惨重。

制度滞后：技术红利释放的最大障碍

与此同时，制度响应滞后正成为释放技术红利的最大障碍。有研究指出：在人工智能、量子计算等新兴技术领域，更新迭代速度快于政府拟定法规的节奏，政府往往变成被动的"政策接受者"，创新与监管之间存在危险的不平衡。传统立法周期往往需要数年甚至数十年，而AI模型可能数周就更新一次，"政策滞后"不仅减缓了创新步伐，还削弱了制度的韧性和公众信任。在全球范围内，私营部门引领技术创新，政府监管却远远滞后，开源工具甚至被迅速用于军事或安全领域，使创新生态更加无序。可以说，制度效率的滞后已经成为钳制技术红利、阻碍社会转型的最大枷锁。

机遇窗口：技术与制度重构的曙光

正是在如此错综复杂的时局中，我们迎来了破局的机遇窗口。一方面，技术创新的蓬勃推进需要有力的制度配套。世界经济论坛指出，当前"政策、规范和法规跟不上创新的步伐"，迫切需要填补制度空白。另一方面，论坛也明确发出警告："我们已经跨入智能时代……机会窗口狭窄"，呼吁通过集体行动和负责任的领导抢占时代先机。还有分析提醒我们：面对前沿技术加速和地缘紧张，缺乏共同护栏将成为全球性风险。换句话说，如果这一代人错过了这一重塑技术和制度耦合格局的机会，其代价将极为惨重。

超级城邦：错位时代的战略回应

针对技术和制度的深度错位，"超级城邦"战略逐渐浮出水面。全球主要城市日益成为"全球问题的解决者"：它们可以跨越国界、直接响应公民需求，通过互联网络参与全球议题，展现出传统国家难以匹敌的治理能力。

新加坡GovTech办公室即是一个生动案例，它将敏捷政策设计直接嵌入技术部署，为一个小型城邦应对新技术挑战提供了有益经验。类似地，香港、迪拜等国际都市早已通过开放政策和精准治理实践了部分"城邦模式"，为我们的构想提供了现实启示。此外，研究也表明网络化城市所构建的基础设施正在提供一种新的政治经济制度出路。基于这些实践，我们提出构想：在新的制度框架中打造高度自治、善于创新的超级城邦，让技术和治理在城市级别同步升级，从而在全球性动荡中形成可靠的新秩序。

行动号召：共建新制度

面对时代巨变，每个人都应成为建设新制度的参与者和推动者。我们不能再做旁观者，而要积极投身其中。

1. 跨界创新，构建实验空间：打破传统部门和国界壁垒，支持建立技术与制度双重创新的示范园区和实验社区。在这样的新型城邦里，政策制定者、技术专家与普通市民可以共创规则、共同试验，以更灵活的方式推动制度演进。

2. 倡导敏捷治理与持续改革：推动政府部门和企业采取"敏捷+迭代"的决策模式，短周期地评估和调整监管框架，让制度升级能够紧跟技术进步的节奏。

3. 汇聚共识，塑造未来愿景：凝聚社会各界的共识，宣传和推广新制度构建的紧迫性和战略意义。只有当更多人认识到这一历史窗口的独特意义，我们才能形成合力，共同迎接未来的挑战。

4. 强化教育与公众参与：宣传科技与制度变革的重要性，提升公民的技术素养和公共参与意识，让更多人理解并支持超级城邦建设。

5. 拥抱全球协作：跨越国界的合作同样重要。与世界各地的城市、社区和组织保持沟通交流，分享建设超级城邦的经验和教训，共同为这一宏伟愿景赋能。

科技浪潮不可阻挡，制度创新亦已迫在眉睫。超级城邦的愿景需要当代人的行动来成就。让我们把握这一代人的机遇，义无反顾地奔赴新制度的建设之路，为人类社会迎来更光明、更公平、更繁荣的未来！历史的洪流不会等待犹豫不前者，只有全力奔跑的人才能开创更加辉煌的明天！历史将证明，行动者终将担当起时代的荣光！

第七章 我们的城邦——XCITY

XCITY是一个基于太阳能驱动、人工智能构建的现实与元宇宙一体化的超级城邦。

XCITY=（主权个人×UBA）+（算力与绿电×制造与自由港）+（元宇宙一比一×代码即法律）。它把"人—AI—机器人"的协作组织为一座可持续富足的复合社会：每个人既是居民，也是投资者和共治者；每块土地既是生产要素，也是CITY所锚定的可验证权益；每个数字分身既是生产力，也是个人潜能的乘法器。

XCITY的愿景是构建一个由人类、AI与机器人共同参与的新型复合社会，并实现现实土地与数字元宇宙的双向映射。当前时代正迈向"人机共生"的新格局：人工智能深度嵌入社会，使机器从工具转变为人类的伙伴，社会运行模式发生深刻变化；新一代智能技术和数字空间的发展正在迅速打破物理与数字的界限，实现虚实融合。正如研究所指出，元宇宙与现实社会交互会形成"两个相互交叉的世界"，并分别运行各自的治理逻辑。在XCITY，现实世界的基础设施与元宇宙的数字平台同步构建，城市规划、资源分配等实体决策将通过数字孪生系统在虚拟空间同步呈现，做到线上线下联动、共创共治。

XCITY概述

XCITY首个地点位于阿根廷西北部的圣胡安省，土地面积约100万英亩（约40万公顷），相当于香港面积的3.5倍，坐落于安第斯山前的谷地，地势包含谷地和平原，水源来自安第斯山融雪河流，境内有多条河流穿过，日照充足，还有拥有金矿和铜矿资源，可谓风水宝地，毗邻新建的150号国际公路（南美"双洋走廊"干线）以及规划中的安第斯山隧道，在地理上连接智利太平洋港口和阿根廷、大西洋沿岸港口，具备成为连接美国、中国、拉美、欧洲、中东及全球市场桥头堡的区位优势。

XCITY定位

XCITY超级智能城邦，是由当地居民、数字居民、机器人组成的、现实与虚拟融合的未来城市，是科技与自然、产业与居住、现实与元宇宙融合、人人可参与、共建共享、DAO自治的超级智能数字城市。

XCITY的目标是将AGI深度融入社会，打造由超级个体组成的超级智能城邦，构建人人基于UBA（Universal Basic Assets）和机器人可安居乐业的、可持续富足的超级智能复合社会。每个居民都是超级个体，都可以远程即在数字世界雇佣若干机器人在XCITY现实世界提供服务、创造价值。

功能分区

城邦划分为五大功能区域：

算力特区

面积占比：~60%（约24万公顷），涵盖基地内的山地丘陵及不适宜耕作开发的边缘地带。

功能定位：算力特区+绿色能源基地。

农业生产区

面积占比：~30%（约12万公顷），主要位于基地北部和中部的河流谷地及平坦地区。

功能定位：大规模灌溉农业基地，发展高附加值经济作物种植和畜牧养殖示范。

居住生活区

面积占比：~5%（约2万公顷），位于产业区附近且避开洪泛风险的地带。

功能定位：新兴城市中心及综合生活服务区，为产业工人、科研人员和管理人才提供高品质的居住环境。

产业发展区

面积占比：~3%（约1.2万公顷），择址靠近150号公路沿线、临近河流的平坦高地区。

功能定位：工业制造与农产品深加工园区。

自由港区

面积占比：~2%（约0.8万公顷），位于基地西侧，邻近安第斯山口处，即150号公路与支线交汇点附近。

功能定位：离岸加密金融中心、集物流仓储、边境口岸和自由贸易功能于一体的内陆港区域。

核心战略：以太阳能铸币、以算力立邦、以金融扩张

依托XCITY独特的日照优势，打造绿色迪拜

光伏发电 → 电力资产 → 算力产出 → 比特币 → 金融衍生 → 离岸加密金融

XCITY将成为全球首个以太阳能驱动的算力自由区，其目标是从能源资产出发，通过AI算力、比特币挖矿与算力金融衍生出完整的离岸加密金融生态体系。

全球最大绿色算力聚集区、离岸加密金融特区。

从太阳能到算力，从算力到金融

算力特区+离岸加密金融中心，打造以光伏能源驱动的比特币算力与加密金融生态体系

能源 → 算力 → 资产 → 金融

1. 能源资产化

- 建设600GW光伏发电体系（分阶段）

- 通过KWH Token实现电力资产链上化，1KWH Token=1KWH使用权

2. 算力生产体系

- 构建"绿色挖矿中心"

- 引入AI计算与渲染租赁服务，实现"挖矿＋AI双引擎"模型

3. 金融衍生体系

- BTC抵押借贷平台：BTC → 稳定币流动性

- 算力NFT市场：Token化矿权，全球投资者可参与

- 离岸交易与结算系统：支持USDT、BTC、ETH、EPDA-Token跨境清算

光伏算力机让人人可以拥有AI主权

把微型光伏发电站与比特币矿机、GPU进行组合，形成光伏矿机、光伏算力机，让人人可以通过购买光伏算力机拥有AI生产力，无需自己部署电力及运维。

系统每天将收益分发给买家。

以碎片化、即时投资堆砌起全球最大规模AI算力谷。

以机器人为核心的生产力

1. 智能机器人体系

XCITY的生产力核心将是智能机器人（AI + Robotics）。这些机器人将承担能源管理、建筑施工、农业种植、物流运输、制造与维护、商业服务、安防等关键职能。

- 能源机器人：实时监测光伏板状态、自动清洁、维护与调度。

- 建筑机器人：可进行模块化建筑装配与3D打印建造，实现自动化施工。

- 农业机器人：结合AI视觉与环境感知，执行无人化种植、收割与灌溉。

- 服务机器人：面向社区运营、物流配送与城市维护，形成自运转生态。

2. 机器人经济体

所有机器人都将接入XCITY区块链系统，具备身份与账户，实现"机器即经济单元"：

- 每个机器人拥有唯一的链上身份ID，可进行自主交易与收益结算。

- 机器人劳动力的产出以KWH Token结算，形成新的"机器劳动经济"。

- 通过智能合约，机器人可自动购买能源、维护服务或更新零件，形成完整闭环。

3. 人机共治社会模型

XCITY将建立"人类 + 机器人 + AI"的共生社会：

- 人类负责创造、决策与治理方向。

- 机器人负责执行、生产与维护。

- AI负责协调、优化与学习反馈。

这种三层协同机制将让XCITY成为真正意义上的后人类社会原型城市，也是"AI驱动的物质文明再造基地"。

混合元宇宙数字主权

能源 → 算力 → 资产 → 金融 → 主权

能源层

- 现实对应：光伏电站
- 元宇宙映射：KWH Token
- 功能：现实能源驱动虚拟经济

算力层

- 现实对应：数据中心
- 元宇宙映射：AI Compute Node
- 功能：算力即虚拟基础设施

金融层

- 现实对应：BTC体系
- 元宇宙映射：去中心化银行
- 功能：元宇宙金融秩序

土地层

- 现实对应：EPDA土地
- 元宇宙映射：地块NFT
- 功能：虚实一体国土治理

治理层

- 现实对应：DAO机构
- 元宇宙映射：数字公民体系
- 功能：虚拟主权治理

超级城邦：虚实共治的文明样本

XCITY将现实与元宇宙一比一映射到元宇宙，最终将演化为能源驱动的数字文明实验体。

宪章城市特区-元宇宙DAO治理-超级城邦

- 自然资源 → 无限太阳能；

- 技术基础 → 超级算力；

- 金融创新 → 离岸加密体系；

- 制度突破 → 自由区与元宇宙DAO共治，超级城邦。

- 现实能源是虚拟经济的物理基底。

- 加密金融是治理与资本的神经系统。

- 元宇宙治理是社会与文化的延展。

XCITY的使命

XCITY的使命是创建元宇宙与现实融合的超级智能数字城邦，将现实城市融入广袤的数字空间，打造一个以主权个人为中心的开放、包容、多元、民主的自由世界，释放个人潜能，让劳动力像资本一样自由流动，让人类以工作为乐。这跟移民另外一个星球同样具有现实且划时代意义。

人工智能赋予了人类神一样的技术，可以弥补我们旧石器时代的大脑，然而，我们的制度却是中世纪的。

资本可以在全球自由流动匹配市场，但劳动力不能，这使得历史资本收回率始终高于劳动收益率，导致财富越来越集中、贫富差距扩大，增加了社会不稳定因素。

人类一代又一代、没有止境地为生存而工作，人类越来越失去自我；人类创造了人工智能，不应该让人工智能成为抢夺人类就业的对手；人类根本不需要一个机构臃肿、效率低下、充满腐败的政府。

是时候改变这一切了。

XCITY是一个人类"重回伊甸园"的社会实践，是人类迈向梦想世界的一大步。

XCITY的目标

XCITY的总体目标是20年内建设成10亿数字居民、10000万机器人居民、100万人常住人口、1万亿美元GDP的超级智能城邦集群。

XCITY将在全球建造分布式超级智能未来城市和社区集群，作为现实世界与元宇宙的双向入口，打造理想的数字城邦。

AI算力谷

打造绿色迪拜。建设全球最大的光伏发电站，为算力中心提供电力。

阿根廷圣胡安省拥有世界顶级的太阳能资源禀赋。年均日照时数约2,500小时，局部山区峰值可达3,000小时，远高于全球多数地区不到2,000小时的水平。充足的太阳辐射加上大片平坦空旷的土地，使该区域极具发展超大型光伏电站的潜力。

在这里，源源不断的太阳能通过光伏电站转化为电力，再经由数据中心转化为智能算力。

该光伏发电厂将建设600GW规模，是目前全球最大光伏发电厂的数倍大。

产业发展区

重点引进中国优势产能的组装制造业，以及本地农产品的加工转化，形成多个产业集群。

产业区采用"组团式"布局，不同行业各占若干平方公里，园区内部提前建好道路、电力、供水、通讯等基础设施，实现"七通一平"。考虑到国道150直接通往智利港口并连接阿根廷内陆，该区域也是面向出口加工的核心。打造为承接中国制造产能、辐射拉美市场的制造中心。

依托150号公路向西经由规划中的Agua Negra隧道直通智利科金博港，向东连接阿根廷内陆公路网的区位优势，在此建设大规模仓储中心、集装箱堆场和海关检查设施。

同时规划多式联运设施，预留远期铁路货运站台，争取连接阿根廷国内铁路干线，将XCITY纳入全国铁路货运体系，降低大宗货物运输成本。口岸区还将设立跨境电商和贸易展示中心，方便面向美洲和亚洲的小批量高价值商品在此集拼出口。通过打造现代化的内陆港，成为沟通太平洋和大西洋的贸易节点。

规划在园区内设立海关监管仓库和内陆"干港"物流中心，使之具备类似港口的集装箱中转和报关功能。

离岸加密金融区

打造离岸加密金融中心。

算力特区+离岸加密金融中心，打造以光伏能源驱动的比特币算力与加密金融生态体系

能源 → 算力 → 资产 → 金融

提供加密货币银行、交易、借贷、托管、Defi等。

农业、林业及生态保护区

依托境内的Rio Bermejo、Rio Huaco等河流水源以及地下含水层，通过兴建渠系、水库和滴灌工程，将原有土地改造成高产农田。核心作物包括橄榄、酿酒葡萄、草药等，林业及生态保护种植还可以发展碳信用。

居住生活区

打造水系环绕的宜居城市。新兴城市中心及综合生活服务区，为产业工人、科研人员和管理人才提供高品质的居住环境。居住区按照宜居城市理念进行规划设计，融合住宅、商业、教育、医疗等设施，构建15分钟生活圈。远期可容纳一百万人口（参考深圳经济特区从1980年代10万人口增长到现在逾1700万的经验）。住宅以中低密度为主，配套充足的公共绿地和社区公园，利用开阔的土地资源营造舒适宜人的生活空间。

规划引入国际学校、双语幼儿园、综合医院、购物中心等设施，以吸引国内外专业人才长期定居工作。居住区也将设立行政管理中心和招商展示中心，用于政务服务和对外展示，方便政府与企业沟通对接。总体而言，生活区旨在提供便利完善的城市配套，使XCITY不仅有产业兴旺，更有人口凝聚，成为产城融合的典范社区。

第八章 宪章城市：XCITY的制度构想

XCITY的城邦宪章被设计为一份立足未来感的治理纲领，兼顾价值宣言与操作规范。宪章通过阐明共同价值观和治理目标，将社区成员的承诺凝聚为一致的行动方向。它既可采用现代宪法的条文结构，将权利和义务逐条列出，也可融入宣言式的愿景表达。例如，宪章开篇可包含序言或权利法案，明确居民的基本权利与自由；随后以制度图谱形式，列举各自治机构、议事程序与责任边界；最后附设修宪协议，规定宪章的演化机制和阈值门槛。修宪机制借鉴区块链共识治理思想：参与者可通过链上投票动态调整规则参数，如修改决策门槛、加入新参与者等，确保制度具备自我更新能力。这一宪章结构既体现XCITY价值根基，又通过明确的组织框架，为未来的演化提供制度保证。

- 价值宣言（权利法案）：宪章以简明的宣言或条款形式载明城邦核心价值（如自由、创新、公平）和居民基本权利（言论权、投票权等），树立共同信念。

- 制度图谱：详细罗列城邦内各类治理单元与职责，如居民大会、执行部门、司法委托组等，以及它们之间的关系和程序，形成清晰的操作指南。

- 修宪协议：规定修改宪章的程序与门槛。例如，重大变更需事先提出链上修宪提案，并通过超多数投票批准。修宪提案本身可由社区成员发起，再由全体居民按照宪章规定的比例和方式投票决定。

数字法律系统

在XCITY，法律即代码（Code is Law）的理念被全面实践。城邦的法律规则以智能合约形式上链执行：法律条款被编码为可执行的程序，只要满足预设条件，即自动触发执行。正如密码学先驱所言："只要把合同编码为程序，它将严格按照预设规则运行……代码不会说谎、不会被贿赂，只忠实执行既定规则"。因此，一旦法律条文经公民主导的程序确立并部署在链上，相关的合同和义务就由系统自动实施，无需传统的执法或司法干预。

- 链上立法：居民可通过网络提出法律草案，以智能合约方式编制条款。法律条文存于区块链，任何符合条件的行为（如资金流动、资源使用等）都会自动按照合约执行，不容篡改。智能合约保证规则执行的安全性、永久性和不变性。

- 提案与修订机制：所有法律修改提案均通过链上系统公开提出，社区成员以治理代币参与审议和表决。治理代币持有者可以对提案进行投票（可采用加权或质押式投票机制），并在票数达到宪章规定的超多数后自动触发合约，正式修订法律。这样，"法定程序"本身被写入合约，一切变化可在链上可验证运行，保证了公开与可审计。

- AI辅助治理：人工智能作为治理助手，与智能合约协同工作。AI系统可实时分析城市数据、辅助起草与审查法律草案，并通过机器学习优化政策效果预测。它可以在提案阶段提供咨询、模拟不同决策路径的后果，甚至在合约执行前进行自动审查。通过AI与智能合约结合，XCITY力求提高治理效率与准确性，减少人为偏差。例如，AI可以自动对居民提出的建议进行聚合分析，提示可能的法律漏洞或利益冲突，从而帮助公民作出更理性的投票选择。

与DAO治理机制融合

XCITY的治理体系深度借鉴DAO（去中心化自治组织）模式，让居民直接参与法律、政策和资源分配决策。区块链工具提供了透明的电子投票和DAO结构，极大增强了公民参与。具体而言，城市治理被拆分为嵌套的决策单元：主DAO负责总体宪章和重大决策，每个政策领域（如教育、环保、基础设施）可创建专门的子DAO自治单元，各自管理对应的提案和预算。

- 质押式投票：居民持有治理代币，并可通过质押方式对提案进行投票，投票权重与所持代币数量及锁定时长挂钩。这种机制鼓励长期投入和深度参与，使得对城市贡献越多或长期委托代币的居民在决策中拥有更大话语权。

- 链上提案制度：任何符合条件的居民或组织均可提交链上治理提案（例如法律修订、预算使用、项目审批等）。提案公开后进入讨论期，然后自动化进入投票流程。提案通过后，相应的智能合约自动生效或触发基金拨付，实现公民与公共事务的直接对接。

- 子DAO自治单元：XCITY将复杂职能分配给多个自治子集体。每个子DAO拥有独立金库和自治规则（可采用多签或代币投票等治理模型），自行处理所属领域的日常事务和专项项目。同时，主DAO对这些子DAO保留一定的监督与控制手段（如资金回收、冻结机制等），以平衡自治与问责，防范资源过度集中。

通过上述机制，XCITY实现了多层级的去中心化治理结构：主DAO统一制定城邦宪章和宏观规划，子DAO负责领域执行，而居民通过提案与投票参与每一个层级的治理过程。这样的结构既分散了决策权，也保证了整体协同。

公民权与投资机制嵌入宪章

XCITY将代币经济与公民身份、权利直接绑定，实现多维参与和激励的一体化设计。首先，代币即身份：每位居民以唯一的数字身份代币加以认证，形成由政府或城邦签发的身份体系。这一身份代币是不可复制的，每个人只拥有一枚主身份代币，并可通过它在链上进行所有投票和交互。这样既保证了身份的唯一性和可验证性，又方便公民自动参与各类治理活动。

此外，XCITY强调建设即治理权：居民对公共建设和项目的实际贡献可转换为治理代币奖励。例如，参与基础设施建设、社区运营或技术开发等行为，都会获得额外代币，进而增强在决策中的权重。这种设计鼓励居民投身城邦建设，将实际付出与治理权利挂钩，从而形成"建成即治理"的正向循环。再者，资金贡献激励将投资与决策链接：向城市公共基金投入资金的个人或团体，可以凭借其资金贡献额获得提案优先权或特殊议题建议权，将资助公共事业与影响政策制定结合起来。当地加密代币和DeFi机制促进了这种激励与参与的结合。例如，XCITY可以发行本地代币用于筹资，投资者购买代币后可参与专项基金的分配和监管，实现"有投票权的投资"。这些制度使代币经济成为多维公民权利和激励体系的纽带。

与国家主权体系的边界关系

XCITY并不追求脱离国家的主权独立，而是作为一种"制度插件"或兼容层，与所在国家政体、税收和法律体系协同运行。正如相关论述所指出，宪章城市的目标并非独立或与主权国家割裂。基于此，XCITY宪章的设计强调兼容国家法律：城邦居民同时保留国家公民身份，遵守国家法律法规。XCITY的特殊治理权是通过附加协议和特许法律安排获得的——例如，XCITY项目可与国家签订补充法律或税收协议，明确城邦在一定范围内拥有自治规则，但不触及国家统一和核心利益。

在税务和司法方面，XCITY的制度与国家体系对接：居住在XCITY的居民可能依然向国家缴纳个人所得税，同时XCITY对公共服务征收的费用以协议形式归入国家统计，并按规定上缴部分财政。法律层面，XCITY宪章内的规则被视为国家法律之下的地方法令，重大纠纷可由国家认可的法院或仲裁机构最终裁定。这种"下位合法性"确保城邦治理不与国家法权产生冲突，而是作为国家治理的补充创新。总体而言，XCITY宪章以协议兼容层的模式存在，在不挑战国家统一的前提下，为居民提供多层次的参与渠道和激励机制，实现新型治理与传统主权框架的和谐共生。

- 代码即法律的治理优势：XCITY采用基于AI和DAO的自治管理模式，实现"代码即法律"，治理完全民主化和透明化。智能合约和区块链技术将公共政策自动化执行，显著降低行政成本和腐败风险，为投资者提供制度安全和高效的营商环境。

- 国际化特区模式：参照罗默（Paul Romer）提出的"宪章城市"概念，XCITY与全球伙伴建立互利共赢的合作关系：东道主提供土地和政策保障，投资方提供建设资金，城市快速发展并为投资者创造"低风险的理想回报"。这种模式吸引全球资本参与城市建设，增强项目信誉度和可持续性。

- 引资通道和融资创新：通过ICO或发行基于区块链的土地债券等方式，XCITY可灵活筹集资金。公开、可拆分的通证化资产降低投资门槛，使各类投资者都能参与其中并享受收益。稳定的金融机制和透明的市场交易为投资人带来可预期的回报与退出渠道。

- 透明可信的监管环境：AI辅助的决策机制保证所有法规和商业规则公开透明，可追溯可审计。这种"宪章城市"模式为创新实验提供法律保障，有利于更大胆地进行试验性政策（如新型税制、人才签证等），吸引跨国公司和机构来此设立据点，从而形成创新聚集效应，为投资者带来独特的先行利益。

第九章 元宇宙与现实一比一映射

XCITY 的元宇宙采用一比一现实映射机制：现实世界的每一块土地、每一项设施在元宇宙中都有对应的数字孪生，并随开发进度实时同步更新。随着现实城市建设推进，元宇宙城市镜像地反映这些变化，确保虚拟空间不再孤立。例如，现实中建设一座工厂或开辟一片葡萄园时，元宇宙中对应地块也会出现同样的设施或作物，让全球用户在线观摩和互动。这种数字孪生机制将城市发展延伸到虚拟世界，实现"虚实互映、一地两生"的城邦新范式。

居民在元宇宙中的操作路径

为了实现人人可参与城市建设，XCITY 设计了直观而具未来感的操作流程：居民通过元宇宙界面即可完成所有开发和治理活动。典型的参与路径包括：

1. 注册成为数字居民：居民在线完成身份验证后，领取"城邦通行证"（钱包地址与唯一身份ID），即可获得元宇宙访问权限以及发起提案和投票表决的能力。

2. 地块认领与项目发起：居民持有或质押一定数量的城邦代币（KWH）后，便可在元宇宙地图上按照规划图则认领虚拟地块，并与现实中的对应土地绑定。此时，地块的开发权以 NFT 形式上链确权，实现虚实资产一体化。认领后，居民可以发起或参与项目众筹，将数字创意通过议案转化为现实世界的建设项目。

3. 项目运营与收益分配：认领项目后，居民可以通过远程运营无人机农业、太阳能电站等设施，或在线提供 AI 客服、设计服务等业务。所有生产经营活动由智能合约跟踪统计，自动分配服务费、租金或股权红利等收益给参与者。实际上，运营者仿佛拥有一个全天候运转的数字劳动力，智能合约则在虚拟经济与现实收益之间架起通道。

4. 共享基础资产红利（UBA）：随着城市公共资产（如机器人、基础设施）的产出增长，每位居民还可按规则分享公共收益（UBA——人人基础资产红利）。这种机制类似全民基本收益，确保每个人都能从元宇宙和现实交互中获得持续的财富积累。

5. 参与共治：居民通过 DAO 平台对重大事项（如财政预算、土地用途、公共设施等）进行投票与监督。在元宇宙中，每个数字分身或授权的 AI 代理人可以代表其进行表决，实现虚拟投票与实体决策的联动。例如，一个居民可以在元宇宙中通过数字分身参与城市规划会议的投票，其意志与现实投票同等有效。

以上步骤形成了完整的城市开发闭环：居民从虚拟注册到现实建设，所有操作均可在区块链上留痕，并自动转换为实体城市的建设进度。XCITY 将传统城市开发中的土地审批、项目申请、投票协商等流程搬到元宇宙中执行，大大降低参与门槛并增强调研透明度。

虚拟与现实的资产、身份、法律与劳动锚定机制

XCITY 强调虚实资产锚定：任何元宇宙中的数字资产都与现实世界法律体系挂钩。元宇宙内的土地、建筑、设备等资产通常由区块链上的 NFT 表征，它们不可复制且具有唯一性，可用于映射并确认对应虚拟财产的所有权。换言之，某块虚拟地块的 NFT 就代表其持有者对现实中同址土地使用权的占有凭证。在需要时，持有者可通过解押 NFT 来获得相应的现实开发权，从而实现虚拟认领与现实权益的转换。

身份认证与法律映射方面，XCITY 实行实名制数字身份体系，将居民的元宇宙身份与现实身份一一对应。监管层面也特别强调必须实现链上身份与链下身份的穿透映射。通过政府级电子认证和社保系统对接，每位用户的数字身份都绑定在其真实身份之下，任何数字行为都能追溯到链下主体，保证责任可追究、权利有保障。这样，当居民以数字分身参加投票或签订合同时，背后的法律责任与权益同样受国家法律保护。

在劳动价值映射上，XCITY 将元宇宙内的虚拟劳务与现实收益紧密挂钩。每个居民创建的 AI 数字克隆人可以 7×24 小时在线提供劳务，产生的价值通过智能合约实时结算到居民账户。比如一个 AI 客服 24 小时接待全球用户所赢得的报酬，或一个农业无人机按照元宇宙指令播种收割所获取的农产品收益，都将以数字代币形式分发给"雇佣"该 AI 或无人机的居民。东方证券报告中提到的 AI 数字员工即可全天候回答问题，并根据问答记录不断优化服务；在 XCITY，这类 AI 劳动的产出最终会兑换成可提现的社区分红或商户收入，真正让虚拟劳动映射到现实收益。通过数据同步和智能合约，XCITY 实现了跨空间权利统一、数据无缝同步的设计：不论是身份、财产权还是劳动报酬，都在元宇宙与现实两端保持一致。

AI与机器人在双空间中的协作模式

XCITY 构建了"数字居民–AI代理–机器人执行"的三层协作体系。每个居民都可拥有一个 AI 驱动的数字分身（或称"克隆人"），它综合了居民的知识、偏好和技能，在元宇宙中代表个人进行工作和社交活动。这些数字分身不仅可以做公益客服、在线讲师等服务型工作，还可以基于用户指令参与治理投票或管理项目，从而让人的意志获得 24 小时续航力。

机器人则位于体系的最底层，是数字分身发出指令的实体执行者。在 XCITY 中，物理机器人或无人机通过实时通信与元宇宙平台连接。规划者可在元宇宙中绘制任务路径或参数，机器人在现实世界立即执行。例如，物流仓库中的 AGV 机器人会根据元宇宙中的指令自主搬运货物，智能配送车辆可按照虚拟地图进行路径优化和交付。东方证券的分析也指出，现实中用于农业、制造、物流等的自动化设备，能够与虚拟场景协同工作：工作人员只需在数字平台远程设定指令，机器人便可自主执行复杂任务。

这样，人–AI–机器人形成了多位一体的协作关系：居民（第一层）通过数字分身（第二层）全天候参与城市建设与服务，然后由现实中的机器人（第三层）把这些决策付诸行动。研究表明，元宇宙与现实社会交互会形成"两重交叉世界"，各自有独立的治理逻辑。在 XCITY 中，正是依靠三层结构，这两重世界才能无缝对接：现实基础设施与数字平台同步构建，城市规划和资源配置等实体决策通过数字孪生系统同时呈现在虚拟空间，实现线上线下联动、共创共治。举例来说，当居民在数字城市中投票通过一个新公园设计方案时，现实世界的建设机械也会根据元宇宙模型同步开工，最终完成"虚拟设计→现实建造"的闭环。正是依靠这样的"虚实互映"逻辑，XCITY 打造了一个开放包容的超级智能城邦，让人类、AI 与机器人共同参与社会生产与治理。

第十章 数字居民身份与现实连接

～～～

XCITY 中的数字居民通过实名注册与现实身份绑定，并在链上获得去中心化身份（DID）。区块链企业指出："可信数字身份是链上和链下的桥梁"。每个居民在进入 XCITY 系统时都需进行严格的实名验证并领取 DID，这个全球唯一标识符可由用户自主管理，通过加密签名证明控制权。根据 W3C 规范，每个 DID 对应一个链上 DID 文档，记录该身份的验证公钥和控制方等信息。图示中，DID 与 DID 文档记录在可信数据登记簿上，并通过加密方式与身份主体关联。基于此身份机制，数字居民可以参与 DAO 治理并从事数字劳动：他们使用链上的身份账户参与投票、签署合约、领取报酬等，同时这一身份也在现实法律框架下得到承认。正如研究所言，数字公民身份是一种整合性的法律身份，包含权利义务等规范性内容，这确保了每位居民既被视为合法主体，又可在 DAO 和劳务体系中有效活动。

权利与义务

数字居民在 XCITY 中享有明确的权利和相应的义务：

- 享有基础资产权益：每位居民都拥有一部分通用基础资产（UBA）框架下的资源份额，如教育、医疗、住房、土地、数字平台等公共资源。这些资源通过数字身份分配，确保人人平等获得城市公共财富。

- 参与治理与投资权利：居民可认领社区土地并开发利用，拥有自治组织的投票权和被选权，还可参与公共项目的投资和众筹，并按照贡献分享收益。例如，他们可以投资城市基础设施或生态项目，成功后按规则获得分红。

- 义务与责任：居民必须承担社区建设责任，如参与公共事务决策、履行志愿服务、维护公共资源，并按规则共享部分数据用于公共数据平台。研究显示，当用户掌握对自身可识别信息的控制权时，他们更愿意主动共享这些信息。XCITY 正是利用这一信任机制，要求数字居民为城市数字化治理贡献数据与智慧，以换取更高的参与度和激励。

- 遵守社区规则：所有居民均须遵守 XCITY 的自治章程和公共秩序规定，平等行使权利并承担相应的义务，确保集体利益与个人发展相协调。

经济模型与参与路径

数字居民可通过多种方式获得稳定收益和成长回报：

- 土地认领与租金：居民可申请认领城市土地进行开发，如建设智能农场或能量站。通过智能合约设定的租金模型，土地使用者按比例支付租金给所有者，数字居民因此获得地租分红。

- 远程运营与数字劳动：利用 XCITY 布局的工业机器人和远程自动化设备，数字居民可以远程运营农场、物流、客服等服务。例如，担任AI 客服运营者，管理智能客服系统并通过提升客户满意度获得绩效分成；作为远程农场运营者，通过网络控制农业机器人进行种植，系统按产量发放报酬。

- 众筹项目与社区建设：居民可发起或参与社区众筹项目，如可再生能源建设、公共设施升级等。完成项目后，智能合约会按照投入份额发放代币奖励或利润分红。比如，众筹组织者负责协调项目推进，按照贡献获得一定代币回报；参与者通过支持创新项目，既推动城市发展也分享经济红利。

- 数字治理代表：居民还可当选为 DAO 治理代表，负责收集居民意见、提交提案、监督议案执行。这些治理活动可获得平台代币或补贴作为报酬。

居民的收益模式多样化：除了直接的劳动报酬外，还可通过质押与分红获取被动收入。例如，当居民将资产用于流动性挖矿或质押公链资产时，系统根据其贡献份额分配手续费收益和治理代币奖励。总体而言，数字居民的参与场景丰富——从AI客服运营到远程农业管理，从社区治理参与到创新项目投资，每个人都能根据特长与热情选择合适的角色，并形成持续增长的收益流。

治理与激励系统的配合机制

XCITY 的治理体系通过代币、智能合约和投票机制保障公平参与与激励分配。每位数字居民根据其贡献获得一定数量的治理代币，用于参与社区决策；通常采用一人一票或按贡献权重的投票制度，确保权利均等。所有公共资金和资产均存放在区块链上的智能合约中，任何支出都必须经由居民投票通过。例如，若社区提案修改某项协议参数，在获得多数票后，智能合约会自动实施该变更，无需人工干预。整个投票与执行过程均记录在链上，公开透明，不可篡改。正如技术指南指出，"任何变更只有在满足既定多数票后才会发生"，杜绝了中心化权力的干预。

此外，XCITY 设有贡献记录与激励系统：平台跟踪并评估居民的工作量与质效，对活跃贡献者进行额外奖励。许多实践表明，DAO 模式下会通过发放代币或收益分红来激励积极参与者。例如，完成重要研发项目或社区服务的居民将获得额外代币奖励，这些代币可用于未来投票或交换稳定资产。通过代币和分红的结合，XCITY 能实现激励兼顾贡献、去中心化决策的治理目标。智能合约还可根据既定规则自动分配收益，避免人为干预；投票记录和分红记录全部公开，任何人都可验证规则执行情况。这种基于区块链的治理与激励机制确保了公共决策公正、分配透明，让每位数字居民在参与城市治理和经济建设时，都能明确自己的收益和责任。

第十一章 机器人劳动力体系

机器人在生产与服务领域的应用场景

- 农业自动化：XCITY大规模部署自动化农机与无人系统。例如，
  美国Monarch公司推出的全电动无人驾驶拖拉机（充电6小时可连
  续作业14小时）已在葡萄园投入使用；AI除草机器人（如
  Farmwise）可昼夜识别并拔除杂草，减少除草剂使用、降低人力
  成本。智能采摘机器人（如Tortuga的"火星车"摘莓机）可精准采
  摘草莓、葡萄，效率更高且品质一致，缓解了采摘劳动力短缺。
  XCITY还利用无人机巡航和卫星遥感建立农场数字孪生，对作物
  生长进行精准监测，进一步提高产能和可持续性。

- 制造业与工业：XCITY吸引世界顶尖工业机器人和协作机器人企
  业，推进智能工厂建设。如宝爵（印度Bajaj）摩托车厂自2010年
  以来引入100余台UR协作机器人，用于装配线作业，既解决了劳
  动力短缺问题，也显著提升生产效率。宝马公司在柏林与兰茨胡
  特工厂应用SortBot物流机器人和UR5e协作机器人：SortBot每天
  可分拣1000多个货箱，布置简单，即插即用；UR5e协作臂在仪表
  盘装配线上自动拧螺钉，每天约完成300个螺钉块的组装，并通过
  安全评估后与人工并肩作业。这些机器人替代了传统焊接、搬

运、喷涂等重复性、危险性工序，降低制造成本并提高产线柔性。

- 智慧物流：XCITY构建智能仓储和配送网络。京东物流研发的"天狼"穿梭车、地面搬运机器人"地龙"、智能无人车等系统已经在国内外示范应用：例如，飞鹤乳业全国配送中心的智能分拣系统上线后物流效率提升40%，成本下降25%；时尚电商的物流中心导入拣选墙方案，每小时可处理1800件商品。这些机器人通过自动搬运、分拣、配送等流程优化，人力更多地转向监督和协同，极大加速了"最后一公里"交付和复杂订单的处理。

- 医疗健康：XCITY推广远程手术、康复护理与服务机器人。5G远程手术系统可以让偏远地区病人接受顶级专家手术，试点数据显示基层医院复杂手术能力提升210%，脑卒中患者在标准化康复机器人指导下恢复周期缩短35%。手术室内置消毒机器人可自主完成360度灭菌，效率是人工的3倍；护理机器人可精确执行给药和监测任务，使护士工作负荷降低约40%。此外，可穿戴外骨骼和义肢机器人帮助残障患者恢复行动能力。XCITY的智慧医院还将部署AI诊断与护理机器人，形成"机械医生助理+人类医生"复合模式，大幅提高医疗质量和可及性。

- 教育教学：XCITY学校引入智能助教和陪伴机器人，打造人机协作的"师生机"课堂。例如，北京某小学已开发"慧小语""慧小英""慧小墨"等智能体，对学生进行个性化辅导，这些智能体有的化身对话导师、有的担当发音教练，能实时生成知识图谱和课堂热力图，为教师提供精准反馈。同时，人形机器人"小娜"已走进课堂，承担课堂秩序引导与互动游戏任务，调动学生学习积极性。XCITY还将利用虚拟现实和AI答疑系统，为学生提供全天候学习支持，实现因材施教。

- 基础设施建设：在建筑工地和市政工程中，XCITY应用施工机器人完成高危重复作业。《建筑自动化机器人场景分析》报告指出，在钢筋绑扎、混凝土浇筑、砌筑和焊接等环节，自动化机器人应用已显著提升效率。例如，北京地铁工程采用钢筋绑扎机器人，广州地标大厦项目使用焊接机器人，这些设备在高温、高处等危险环境中替代人工作业，既缩短工期又提高质量。XCITY还率先建设装配式预制工厂，用机器人预制混凝土、结构件，并在现场采用吊装机械臂精确拼装，大幅降低了人工强度和事故风险。在城市运维方面，智能巡检机器人用于桥梁、隧道和风力设施的自动检测，为政府提供实时监测数据，提升了城市基建的运行安全性。

人机协作模式与任务分工

XCITY的人机协作体系遵循"机器补位、人类主导"的原则。简单而言，机器人承担重体力、高重复性或高危险性的任务，而人类专注于灵活性、创造性和决策类工作。在物理层面，流水线上的焊接、喷涂、重物搬运等工作可由机器人全天候执行；人类工人则负责复杂组件的装配、工艺调试与质量把关。在认知层面，机器人（或AI）负责数据处理和常规分析，如质检AI检测不良品、物流系统自动优化路径；而人类则负责战略决策、教育引导和情感交互等需高阶判断的环节。

此外，XCITY探索"人-AI-机器人"三层协同的新模式：人工智能作为中间层，兼具分析规划和执行监督的功能，将人类专家与机器执行者高效连接。例如，在NASA火星探测任务中，机器人自主采集地质数据，AI系统实时分析并提出"可能存在生命迹象区域"的假设，最终由科学家验证发现了火星有机物。类比于此，XCITY可为复杂项目建立类似链条：机器人采集现场数据，AI辅助生成决策方案，人类专家最终审定与完善，实现人机融合的"1+1>2"创新合力。此外，在制造装配线、智慧物流调度等场景中，人机并肩作业也相当普遍：例如机器人运输货物到位后，人类操作员完成微调或装配，人机共同完成整条产线的闭环作业，提高了整体效率与灵活性。

权益分配与监管机制

- 机器人价值归属：在XCITY，机器人的投资和收益可采用多种模式。机器人可被视为资产，其创造的经济价值归机器人所有者（如企业或个人投资者）所有。常见模式包括机器人即服务（RaaS）：投资者购买机器人后以租赁方式提供自动化服务，收取订阅费或分成收入。同时，也可鼓励任务承包模式，市民或企业通过投标方式租用机器人执行特定任务，机器人运营商和平台按合同分配收益。XCITY的分红体系可将部分机器人盈利回馈社区，例如在DAO框架下为全民提供基本股息，减少社会分配矛盾。

- 身份登记与数字认证：为了便于监管与信任构建，XCITY计划为每台机器人建立数字身份体系。类似于最新推出的区块链".ROBOT"顶级域名方案，每个机器人或AI代理都会拥有一个全球唯一的链上身份。该身份用NFT形式存证，机器人可通过该身份签名数据和交易，使其行为可追溯、难以冒充。例如，一个仓储配送机器人可通过"Robbie.robot"身份签发运输凭证，系统和其他设备即可验证其真实性。这一机制不仅提升了跨平台协作的安全性，也为价值流转（如任务费用结算）提供了基础保障。

- 合规安全监管：XCITY建立严密的法规和技术标准保障机器人运行合规。所有入网机器人须符合安全认证，如带有应急停止和碰撞检测功能；运行日志需实时上链存证，便于事后审计。系统将对机器人的决策模型嵌入伦理准则，如禁止伤害人类的基本原则，以及环境保护等规则。此外，监管方将部署24/7监控与审核系统，对机器人行为异常进行报警，必要时启动"一键熔断"机制。例如，类似建议中的做法：为每个AI代理设置最小权限原则，并建立快速响应的断网隔离和处置方案。通过技术监测（遥测、日志审计）和制度约束相结合，XCITY确保机器人既能自主高效工作，又不会偏离设定的伦理经济轨道。

机器人参与治理潜力

XCITY积极探索让机器人和AI参与城邦治理的可能。在区块链DAO框架下，可以设计"AI治理代表"机制：即由机器人或AI代理代表机器业主、投资者或特定群体在城邦决策中投票、提案或行使其他权能。例如，DeXe协议提出的AI代理治理模型中，AI可以解释议案、根据既定偏好自动投票、过滤垃圾提案，甚至根据数据分析主动提出新建议。XCITY可将此思路应用于公共决策：如机器人设备集体投票决定资源调配方案，或由AI汇总居民反馈自动生成城市更新提案，以提升治理效率。

为了防止AI代理滥权或脱离监督，XCITY引入多重制衡措施：所有AI投票行为需有明确预设的道德和目标参数（即"价值固件"），保证其决策与社会价值观保持一致；同时，在治理架构中保留人类最终仲裁权，重要决策需人机联合审议。技术上，将AI代理纳入可解释AI系统，要求其在做出决策时附带理由和参考数据；并保持AI模型定期红队测试，防范自我进化带来的风险。关键时刻，监管机构可通过紧急断连方式"切断"任何异常行为的AI代理。通过制度与技术并行，XCITY力求让机器人参与治理成为提升决策质量的助力，而非潜在风险源。

机器人经济对投资者的意义

- RaaS租赁模式收益：机器人即服务（RaaS）在XCITY将成为主要商业模式之一，为投资者带来稳定现金流。XCITY鼓励企业和个人投放自动化设备并出租服务权，收取订阅费或按使用付费。据市场分析，全球RaaS市场预计到2028年将增长到约40亿美元规模。订阅模式下，运营商获得可预测收入流，有助于覆盖机器设备投资成本；同时，按使用付费模式则可最大化资源利用率。XCITY提供融资工具（如真售金融模式）帮助机器人厂商将长期租金收入转化为即时现金，以降低商业风险。

- 算力与数据收益：机器人通常配备强大算力并产生海量数据，XCITY建设分布式边缘算力网络，使这些资源成为新的经济资产。参与者可将机器人闲置时段的算力贡献给AI训练或数字仿真平台，获得算力返佣。在去中心化云算力项目Aethir的案例中，用户通过出售算力节点NFT筹集了8,000万美元，并预计年度经常性收入突破2,000万美元。XCITY借鉴类似模式，鼓励机器人所有者将计算资源与区块链结合，实现资源使用率最大化和额外收入。

- 自动化基础设施股息：XCITY的基础设施（如太阳能电站、智能传感网等）将与机器人协同运作，形成自动化资产组合。投资者在基础设施项目中获得股息的同时，也能分享机器人提升效率带来的额外回报。例如，太阳能供应让机器人运营成本更低，使得自动化农场或工厂利润率提高，进而推高项目红利。长期来看，机器人持续24小时运转不断创造价值（例如无人仓库持续出货、智能制造单元日夜产线运作），为投资者带来稳定且可复利的收益流。

- 可持续性与风险：机器人经济具有高效增益和规模优势，但也需审慎评估风险。技术方面，新一代机器人和AI升级迭代速度快，过度投资某种方案可能带来技术折旧风险。市场方面，RaaS模式下客户流失与竞争加剧需重点控制。此外，运营中可能面临合规变更（如劳动法规）或安全事故等不可预见因素。XCITY投资者须采取多元化策略：一方面投资早期试点（享受快速高回报），另一方面也要布局维护、升级及保险等环节来控制风险。总体而言，机器人经济凭借其"高效率、低边际成本、可规模化"的特点，为XCITY投资者开辟了全新增值路径。只要在收益模型中加入合理的监管和应急机制，其长期回报潜力将显著高于传统工业项目。

第十二章 人机共治

机器人作为城市成员的身份与权责

在XCITY，机器人被视为城市"共生成员"，需要明确其法律与制度地位。传统法律体系中机器人一般被认定为物，但为满足智能社会治理需求，可探索赋予其功能性人格：通过法律拟制赋予机器人部分行动能力和权利，而非完整人权。例如，可为机器人设定代理或缔约权，使其在获得使用者授权时能代表人类签订合同。这既便于智能系统自动完成日常事务，也有助于责任归属和纠纷解决。一些学者提出，应根据需求赋予机器人"缔约能力、获取数据和能源、升级和维护"的权利，即允许机器人为履行其职责获取必要资源；同时，机器人亦需承担相应义务，如遵守城市法规、保障公共安全、对所执行操作负责等。

XCITY或采用机器人注册体系为每台机器人发放"算法身份"编号，相当于数字身份卡：每个机器人在城市网络中都有唯一身份，有助于监管和责任追溯。注册制度可规定机器人参与活动的范围，例如军事、司法或涉及个人隐私的领域保留给人类操作。正如法律学者所言，法律主体资格是"可分级的属性"，立法者可根据社会治理需要灵活增减机器人具备的权利与义务。在实践中，这意味着赋予机器人某项特定权能（如签约或数据调用权）并不自动赋予其人类的基本权利；机器人也只能在法律许可的框架内承担责任。例如，若机器人执行任务过程中造成损害，其法律责任最终可能由机器人拥有者或开发者承担，但机器人作为行为器也需在其能力范围内"承担"对应的义务（如遵守用户指令、不超越授权范围）。

- 功能性人格与权责清单：XCITY可为机器人设计专门的权责目录，如允许其签订物资采购合同、申请维修服务、参与市政运行（例如自动巡检）等，同时要求其遵守城市安全标准、数据隐私保护等法规。

- 机器人注册与"算法身份"：每台机器人在登记时获得唯一ID，获得城市成员资格；该身份确定其可参与的活动类型和规模（如限制军用、金融决策参与）。注册制度也使机器人数据可审计，增加制度透明度。

- 权责可调设计：法律框架中可通过立法或规章明确机器人享有的"权利能力"和需承担的责任，例如教育机器人可拥有教学生、获取教育资源的权利，但需遵守教育伦理和隐私义务。

人机共治的治理机制与伦理保障

XCITY构想了一种人机共治的创新治理模式，让机器人参与城市决策与管理。一方面，可在市政系统中引入DAO（去中心化自治组织）等技术，让符合条件的机器人通过算法代币或治理权限参与投票与提案。机器人可担任数据分析员、规划助手、智能监测官等角色，辅助人类处理复杂事务；在智能交通、能源调度、环境监控等领域，机器人甚至可作为自治节点，根据预定规则自动运行和调整政策执行。

另一方面，XCITY设置严格的伦理准入和人机协商机制：所有参与治理的机器人必须通过伦理审查，并在"机器人行为宪章"框架下运行。具体做法可能包括：建立由人类和机器代表组成的混合议会或顾问委员会，定期讨论机器人参与的边界；开发"机器人白名单"程序，只有通过安全验证的机器人才能获得投票权或执行公务；并要求机器人决策过程透明可追溯，以便出现争议时能回溯算法逻辑。正如有学者指出，为了确保智能系统参与的合法有效，可以将先进的自主机器人拟制为"电子人"，为其参与法律关系提供中介站。XCITY可以借鉴这一思路，为机器人治理角色引入特殊身份（如"城市代理机"），通过赋予其部分拟制主体资格来保障共治合法性，同时确保最终决策权仍掌握在真人手中。

- 机器人治理角色：在XCITY治理中，机器人可作为技术官员或数据官，负责提供决策咨询、执行例行监测、参与应急响应。例如，环境机器人可自主调整空气净化系统，人类审议其优化方案后予以正式采纳。

- 民主参与与投票：XCITY或采用基于区块链的政务DAO，机器人凭借"身份通行证"在技术性议题上拥有表决权；但核心政策则设定为需人类与机器人双重审议。同时，人类选民保留撤销或否决机器人投票结果的权力，防止机器算法独断。

- 人机协商与监管：通过设立人机混合议会或市民听证平台，定期对机器人治理效果进行评估。采用"伦理白名单"机制，只有合规机器人可被允许参与决策，避免恶意算法侵害公共利益。所有机器人执行的决策路径必须可审计，系统要求"可解释性"，人类能监督其行为，确保机器人参与不侵害人类基本利益。

- 法律与政策预设：XCITY制定机器人行为准则和运作规程，将《蒙特利尔人工智能负责任发展宣言》等国际伦理原则吸纳为指导原则。例如任何机器人在执行任务时必须遵循"不伤人害人"原则、人类隐私保护原则等，在严重违规时，系统可以自动剥夺其参与权或运行许可。

人机协同分工与社会冲突管理

在城市生活与劳动中，XCITY强调人类与机器人互补而非完全替代。一般而言，危险、重复和高强度的工作更多由机器人承担，如重体力劳动、危化品处理、基础设施检修、交通执勤等；而创造性、感性和社交性工作更侧重人类参与，如教育教学、医疗护理中的情感关怀、艺术创新、复杂决策等。具体可以归纳为：

- 生产制造与服务：机器人负责车间自动化、仓储物流、餐饮配送等标准化生产；人类负责监督检验、创新设计、客户沟通等需要情感理解和灵活应变的岗位。

- 教育与科研：机器人作为教学助手，可因材施教地辅导学生练习、提供数据分析；教师和科研人员则领导课程设计、价值观教育、原创性研究工作。

- 医疗与养老：机器人可承担基本护理、康复训练、健康监测等枯燥劳动；医生护士等人类医护人员聚焦诊断、治疗和病患心理支持等需要同理心的环节。

- 公共管理：数据、统计和日常行政事务可由智能系统高效处理，人类公务员侧重政策制定、公共沟通和监督问责。

在实现互补的同时，XCITY建立多层措施化解潜在冲突：面对机器人替代部分岗位可能带来的失业，人机协同转型计划启动职业再培训、全民基本收入、就业配对等社会保障机制，引导人类劳动力向机器人不易替代的领域转移；在资源分配上，制定城市级算法，协调机器人与人类对能源、交通、空间的使用优先级；在控制权冲突上，城市保持对关键系统的人工控制权，对所有机器人系统进行独立安全审计，防止算法独断作出风险决策。

- 分工互补示例：交通领域允许机器人公交自主驾驶，但规定遇紧急情况时交由人类操作；艺术创作鼓励机器人协助生成创意元素，但最终创作方向和灵魂由人类艺术家把握；高级金融决策保留人类审议，机器人仅提供数据预判。

- 就业与教育：XCITY建立"终身学习系统"，为被机器人取代的劳动者提供再教育机会，让他们掌握机器人管理、维护或从事更高层次工作；与此同时，鼓励企业开发新的劳动岗位，如机器人人机协作监督员、共创艺术家等。

- 社会冲突缓释机制：若机器人过度集中资源或作业，人类代表可通过法律手段重新调整机器人工作量或配置参数，确保资源公平。社区定期召开"人机共治论坛"，讨论新兴矛盾，如算法带来的不平等或隐私问题，以社会共识完善治理规则。

城市资源共享与机器人福利

XCITY视机器人体质的运行需求为共享资源的一部分，并设计对应的分配与保障制度。首先是基础物理资源：城市划出专门的机器人充电与维修站点，提供全天候电力、燃料与维修空间。例如在城市规划中设立机器人停车场，配备自动更换电池模块；在能源管理上，智能电网会根据机器人使用级别动态分配电力，以保证关键服务型机器人（如医院护理机器人）优先供电。对于数据与计算资源，XCITY建设公共云计算平台，向所有已注册机器人开放一定配额：机器人根据功能需求可申请使用算力、存储和网络带宽，平台实行用量监控和定期评估，防止资源滥用。

同时，XCITY为机器人引入福利与保险机制。城市预算中预留"智能体服务基金"，用于补贴损坏的机器人维修成本或软件升级费用，避免机器人所有者为此承担过高负担。对于执行公共任务的机器人（如巡逻、清障机器人），市政府提供特殊维护待遇，并对其做好寿命周期管理，以促进长远运行效率。此类制度隐含对机器人执行的公共服务价值认可，也防止机器人因资源不足而无法履职。例如学者建议，可以赋予机器人"获取能源和升级"的权利能力，在XCITY即体现为法规保障其合理用电和软件更新。

- 能源与维护配给：机器人的"生存资源"如电力、燃料和维修服务纳入城市能源计划；运行重要任务的机器人可享受优先充电时间段，城市在分峰用电时段为公共服务机器人预留电源。

- 数字计算福利：XCITY公共云提供开放接口，机器人可注册获得初始计算资源，每月按服务贡献增加额外配额；对于高负载任务，则通过智能调度跨服务器或边缘计算节点支撑运行。

- 维修与保险：政府与企业共建机器人服务网络，对受损或落后设备提供低成本升级通道；引入机器人保险体系，类似车辆保险，对意外事故导致的损坏提供赔付，确保公共服务不中断。

- 资源使用责任：为避免资源争夺引发冲突，XCITY对机器人资源使用设定监测与审计机制，如跟踪能耗和网络流量。一旦发现异常使用行为（如恶意刷电或盗用网络），可对相关算法链路和所有者启动调查并依法处罚。

人机融合社会的文化认同与未来展望

随着机器人深度融入XCITY的日常，人机混合社会将面对新的文化融合挑战。研究指出，尽管社交机器人具有巨大潜力，但其融入人类社会的"挑战显而易见"：涉及设计特征、政策规范乃至公众认知等多方面问题。XCITY认识到，应通过文化与教育手段消除人机隔阂，促进共生意识。比如，在教育体系中开展人机共创课程：让学生与机器人共同参与艺术项目，用机器人表达个人或社区文化，这种跨领域协作有助于跨文化对话。正如实践表明，通过艺术与设计思维活动，可以帮助人们用3D机器人表达信息和艺术风格，从而增强跨文化理解与包容。XCITY计划举办"人机文化节"、机器人艺术展演等活动，让机器人作为参与者而非冷冰冰的工具出现：比如让机器人主持讲座、协作创作壁画，或与人共同演出戏剧，塑造其作为文化创造者的角色。

另一方面，XCITY将赋予混合城邦全新城市认同和公共精神：强调"人+智能体共荣"的愿景。公共宣传中凸显人与机器共同进步的故事，教育市民认识机器人为"共建者"而非简单的替代者。在公共政策和历史叙事里，慢慢树立人机共治和谐的城市精神。例如，将机器人纳入城市宪章或徽章设计，象征技术与人文并重；在公民节日增设"智能伙伴日"，鼓励人们感谢机器人服务。当新一代市民（即从小在机器人环境中成长的孩子）成为主流后，"机器族群"也许会成为城市身份的一部分：他们的价值观和认同将由共同创造的数字和现实文化塑造，形成以人机协作为核心的新型社区理念。

综上所述，XCITY通过设想机器人注册与身份、参与权利和资源配给等创新制度，在法律、治理、社会与文化层面积极构建人机混合城邦的长远愿景。正如学者所言，赋予AI法律人格的根本目标是"构建新的治理结构"，以适应智能社会的法制变革需求。未来的XCITY，将在人类的智慧指引和道德约束下，与智能机器人共同书写城邦的繁荣与文明。

第十三章 城邦货币即机器人货币

机器人货币（Robot Currency）KWH是机器人使用和接受的货币。KWH 锚定机制与逻辑：每 1 枚 KWH 相当于 1 度电即 1KWH 的使用权，持有 KWH 代币可以立刻兑换一度电。

KWH也是XCITY 的城邦货币，是电力兑换、支付和治理代币，是可以立即兑换 XCITY 电力的通证及 XCITY 社区消费支付和 XCITY 社区 DAO 治理通证，是 Utility Token。**KWH不是投资工具，持有者不应抱持获利预期或将其用于金融投机。**

KWH不是单纯的能源计量单位，而是连接能源、算力与机器人经济的价值媒介。KWH不仅是电力代币，更是未来机器文明的货币基石。

能源与机器人劳动的等价机制：

- KWH可被机器人用于购买能源、维护部件或调用算力资源，实现机器自给自足经济循环。
- 机器人账户可持有、交易、储存KWH。
- 通过智能合约，KWH可自动分配至不同机器人实体，实现"机器自治结算"。
- 每1个KWH代表机器人可使用或生成的1度电能价值。

- 机器人通过生产、维护、运输或服务可获得KWH作为劳动报酬。

人类与机器人共享同一货币体系：

- 人类以KWH购买机器人服务。
- 机器人之间与人之间以KWH支付能源与维护费用。
- 形成"能源即货币、劳动即能量"的新经济模型。

让太阳能成为超级城邦新文明的底层货币即机器人货币，让算力成为新型主权资产。

不仅创造能源与比特币，更创造新型文明秩序。

KWH基本设定：

- 名称：KWH

- 锚定机制：1 KWH = 1度电

- 发行总量：固定10000亿枚

- 功能属性：
    - 城邦货币，是电力兑换、社区支付和治理代币
    - 机器人货币：元宇宙虚拟资产的主要流通货币
    - 治理与投票的工具
    - XCITY社区支付货币

- KWH 的法律定位：KWH 是 XCITY社区内的电力使用服务券、结算与治理凭证，不是投资工具、权益凭证或利润分配载体。在美国辖区，KWH 不用于任何形式的融资或投资邀约。

- 功能与面值：1 KWH = 1 KWH的电力使用服务。购买后可立刻兑换为电力使用权。

- 价单与兑付：平台已具备可用电力、价单、库存与预约/交付流程，即买即用/可预约排期，对美国用户的销售款项不用于开发电力设施搭建。平台持续公布"电力服务价单与可用库存"，确保即买即用。

- 合规声明：KWH 不参与分红、不与资产/收益绑定；任何"收益/分红/增值"安排均与 KWH 无关。对美国用户，KWH 为电力预付服务券，仅限平台内部结算与治理，不用于投资或投机，购买不应抱持获利预期。不得在任何交易所/DEX 交易或平台外支付使用；违反者其相关权益可能被终止或作废。KWH 代币与公司任何与移民/收益/上市事宜无关。

发行总量：KWH总量10000亿枚。按照每 1 枚 KWH 相当于1度电的使用权。基于中性估计，XCITY每年可发电2000亿度。这一总量的设定是基于XCITY 5年总的发电量，确保代币在长期内保持稳定供应但不超发。释放的代币量对应当时存量可用电力的链上数据。

代币功能场景：

KWH 在生态中有丰富的应用场景，赋予持有者多方面权利：

- XCITY流通货币：KWH 充当未来城市内的通用数字货币，用于日常消费和交易结算。在XCITY所发展的社区中，居民和游客可以使用KWH 支付住宿、餐饮、交通、娱乐门票以及农产品采购等各种费用，相当于XCITY内部的"积分"或支付手段，方便园区经济循环。同时在元宇宙平台上，KWH 也是主要计价和结算单位，购买虚拟物品、服务和NFT资产都以KWH 计价。随着园区人流和经济活动增长，对代币的实际需求也会增加。

- 机器人货币

- 电力使用权结算：持币者可以使用KWH代币兑换XCITY现实或元宇宙的电力使用权。

- NFT链上资产交易媒介：KWH可支付非收益型的确权与手续费用（例如地块/建筑设计方案上链确权费），但不得作为任何收益/分红型NFT的分配媒介。KWH用于在区块链上铸造和流转NFT资产，确保开发成果的数字确权。例如，用户完成某地块的开发建设后，可将土地和建筑物的信息上链生成NFT，以证明其对该资产的所有权或贡献。NFT能够方便地在XCITY的数字市场中交易或转让，而KWH是支付媒介。此外，用户在元宇宙中创作的内容、艺术品等也可铸造成NFT进行销售，代币则作为NFT交易和版权收益分配的媒介。

- 社区治理投票权：KWH的治理权没有财务性，KWH仅赋予参与治理的投票权，不产生任何利润分配权或清算受益权。为防止权力集中，可在合约中设置每地址投票权上限为5%。KWH赋予持有者参与项目DAO治理的投票权重。持币者可就社区重大提案、资金使用、规则调整等事项行使投票表决权，直接参与XCITY虚实两个世界的共同治理。这种设计确保了"人人有币、人人有权"，实现真正的社区自治。

- 消费场景：KWH还用于社区消费支付使用。

分发机制：KWH的发行采取循序渐进的解锁和分配策略，以支持项目不同阶段的发展需求。总量10000亿枚KWH不会一次性投放市场，除初期释放的1000亿枚外，其他全部按照光伏电力实际进度的链上数据逐步释放。所有代币的释放和流向都会公开透明，可在区块链上查询。通过这种长期线性释放和多元分配机制，KWH避免了一次性通胀和资本过度集中，确保代币价值与项目实际进展相匹配，维护生态的健康发展。

通过上述机制，XCITY形成了完整的参与闭环：用户持有代币进入生态 → 使用代币赎回土地开发 → 获得NFT和声望 → 再利用代币参与治理、命名等，共同塑造社区文化。无论是投资者、开发者、创作者还是普通爱好者，都能在XCITY找到适合自己的参与切入点，实现个人价值与项目发展的共赢。

虚拟层经济

- 用户可使用KWH购买虚拟地块，获得元宇宙中地块的建设权，自定义建设房屋、商铺、工厂、农场、光伏电站、水厂等。虚拟土地NFT可以自由转售或出租，产生二级市场收益。

- 鼓励用户UGC虚拟资产创作：用户设计建筑、艺术品、农作物等模型并铸造成NFT在市场交易。例如，用户设计了一个"虚拟酒庄"场景，其他玩家可以投资参与，消费获得虚拟葡萄酒，创作者和投资者可以分享收益。

- 引入任务和探索玩法：用户完成特定建设或治理任务可获得代币奖励；参加冒险副本则有机会获得附带现实权益的NFT奖励（如兑换现实葡萄酒、橄榄油的数字凭证），将元宇宙体验与现实奖励结合。

代币层（金融与治理）

- 代币支付：KWH 有多种消耗场景，包括电力使用权、土地使用权、虚拟资产交易、活动门票、建设任务以及治理投票等；同时也通过任务奖励、创作收益分成、治理贡献奖励等方式回馈用户，形成代币在生态内的循环流通。KWH代币还可以在XCITY以外作为支付工具流通。

- 治理DAO：用户可质押KWH 代币参与"城市公投"，共同决定现实城市建设的优先顺序（例如先建设水库还是先建设能源塔）。每次DAO投票结果不仅会影响元宇宙世界的剧情发展，也会作为现实XCITY 项目实施的参考依据，真正实现虚实联动的民主决策。

现实层（资产映射）

- 虚拟→现实： 当元宇宙中的社区投票通过一个虚拟建设项目后，现实XCITY城市会优先落地实施对应的建设工程。用户在虚拟世界投资了一个酒庄NFT，当现实中酒庄建成投产后，持有该NFT的用户可以按照持有份额获得酒庄的利润分红，或者领取相应数量的葡萄酒产品NFT，实现虚拟投资与现实资产的联动。

- 现实→虚拟： 现实农田的产量、气象等数据将动态映射到元宇宙中的虚拟农场，实时影响虚拟作物的生长和产出；现实能源塔的发电量也会同步到元宇宙中的能源塔，改变其光效显示并决定玩家在相关任务中获得奖励的丰厚程度。现实世界的发展变化会第一时间反映到虚拟世界中，增强用户参与感。

- 现实收益分配： 现实项目（农业、旅游、能源等）NFT产生的部分收益将归属项目投资人。

吸引年轻用户的设计

- 低门槛参与： 新用户进入元宇宙可获得免费"游客"身份，并通过完成新手任务获取首批代币，以零成本开始体验。支持NFT资产"小额众筹"模式，允许用户用少量代币参与认领大型资产的一部分，从而以低门槛投资项目。

- 游戏化体验： 定期推出赛季制活动（如"绿色能源挑战"），玩家组队参与虚拟城市建设任务，有机会赢取独家NFT奖品。设置积分排行榜和成就徽章体系，满足Z世代用户彰显身份和荣誉的需求，提高参与热情。

- 社交传播： 平台内置直播和短视频分享功能，鼓励玩家实时展示建设成果。并将元宇宙体验与现实社交媒体相结合，通过TikTok、Instagram等渠道进行传播裂变，让更多年轻用户关注并加入社区。

经济闭环示例

1. 虚拟投资：用户使用KWH 代币购买一个虚拟农场NFT，并在元宇宙中参与农作物种植，收获虚拟农产品产出后可将其在交易市场上出售变现。

2. 映射实体：平台根据现实农场的实际产量数据，在元宇宙中发行对应的"农产品NFT"（如红酒桶NFT、橄榄油瓶NFT等），持有这些NFT的玩家可兑换领取现实中的红酒或橄榄油实物。

3. 长期激励：用户持有代币数量越多，在城市治理投票中的权重越大。这种机制鼓励用户长期持币和深度参与，形成对项目的长线黏性。

代币系统总结

- 单代币制：采用单一的KWH 代币体系，保证模型简洁、全球用户易于理解和参与；

- 虚拟先行：通过元宇宙虚拟城市先行发展，降低参与门槛，吸引年轻用户"先玩后投"，逐步引导其投入现实项目；

- 虚实双向映射：虚拟世界与现实项目双向映射，让投资、建设、治理、消费等全链条数据公开透明、彼此印证；

- 线上反哺线下：将线上代币的沉淀价值和社区力量回流支持线下实体建设，形成现实XCITY项目发展的正向循环。

第十四章 XCITY主权徽章-魔戒

Xcity魔戒是一个结合数字货币、实物珠宝与AI算力资产三位一体的科技戒指，是一种新型资产，是Xcity居民的身份标识和主权徽章。

魔戒是Xcity的入口产品，相当于Apple生态的iPhone，是一个具有高技术含量的加密硬件钱包，里面存储了一定规模的KWH（对应不同等级）和Xcity相关的其他加密资产，用户还可以存入其他加密资产。魔戒实物本身是镶嵌彩色宝石的限量版艺术戒指。每枚戒指对应一个NFT。持有魔戒可以在Xcity生态支付和收款。

用户通过购买并持有一定数量的KWH，可兑换XCITY现实世界的"魔戒"，并每日获得光伏算力机自动分配的数字美元收益。

魔戒分为八个等级，每个等级具备不同的象征意义、AI资产量与分红能力。

等级 KWH

0阶 1000

1阶 20，000

2阶 100，000

3阶 1，000，000

4阶 10，000，000

5阶 100，000，000

6阶 1000，000，000

7阶 The One Ring

收益分配机制：

1.XCITY 光伏算力机产生每日AI收益。

2.AI算力收益计量为数字美元（USD Digital）进入"AI收益池"。

3.智能合约根据每枚魔戒对应光伏算力规模进行自动分配。

4.魔戒持有者每日自动收到收益，无需手动领取。

该体系旨在让普通人能够以可负担的方式参与XCITY的建设，并通过可穿戴、收藏级的"魔戒"实现资产收益的可视化、具象化与身份化。

XCITY魔戒是全球首个：

•可触摸的数字资产

•可佩戴的AI主权

•每日分享的科技珠宝

让普通人也能拥有自己的"摇钱树"。魔戒把原本抽象的数字资产 → 变成可触摸、可佩戴、可炫耀的"财富符号"。

XCITY 魔戒是未来城市的主权凭证与文明徽章。

魔戒象征AI主权（AI Sovereignty）：

• 不依赖国家

• 不依赖公司

• 不依赖他人

• 戴上戒指 = 拥有自己的AI生产力

它不是珠宝，而是 AI 超级城邦授予公民的身份等级、AI主权、能源份额、算力配额与治理权的可穿戴象征。

每一枚魔戒对应城市基础资源权益的不同级别，并解锁相应的城市权限：

- 身份认证：进入 XCITY 的数字与实体空间

- 资源分配：每日AI光伏算力份额

- 治理权能：参与城邦决策与共治

- 文明荣誉：五阶魔戒对应五阶公民荣誉体系

魔戒不仅是一枚戒指，而是一个 AI 驱动、能源支持、城市治理绑定、文明象征化的未来城邦操作系统。

拥有魔戒，即拥有 XCITY 的一部分主权。

XCITY打造的是一个"财富可佩戴、资产可触摸"的未来世界。通过AI算力、珠宝文化与区块链技术的结合，我们希望为每个人提供一枚真正属于自己的"魔戒"，让财富不再抽象，而是可以亲手掌握。

第十五章 加入XCITY的路径

XCITY是一个充满未来感的数字城邦，融合了区块链、人工智能和元宇宙元素，让参与者以数字居民身份共创共享。正如Gate报道的Native数字城市所描述的那样，这是一个虚拟城市，人类参与者和AI代理人在分散经济中进行合作。要成为XCITY的一员，需要按照以下几个步骤逐步参与并创造价值：

注册数字居民身份

首次加入XCITY，必须先获得官方认可的数字身份。一般而言，用户需要在XCITY平台完成实名认证（KYC）并提交必要资料。一旦审核通过，系统会空投相应的机器人货币并授予数字居民身份。获得数字身份后，你便正式成为XCITY的"数字公民"，拥有参与社区各项活动的基本资格。

解锁资产与机器人货币

获得数字居民身份后，系统会为你解锁相应的资产，例如一定数量的机器人货币。持有机器人货币是加入XCITY经济体系的基础，它不仅可以用于交易和投资，还赋予参与治理和获取收益的资格。在Native项目中提到，原生护照允许公民拥有财产并从代币交易中获得奖励。同样地，在XCITY

中，机器人货币会让你能够认领土地、参与项目和赚取社区经济活动产生的收益。

参与XCITY活动

当你拥有机器人货币，就可以在XCITY的元宇宙中开始种植、养殖、工作。还可以在地图中认领土地或资产。XCITY的地图采用区块链登记，每块地都对应唯一坐标和所有权记录。用户可通过区块链声明获得一块土地的所有权，土地以坐标(x,y)表示，由社区永久拥有。你可以花费机器人货币来购买或认领一块地块，在上面建设住宅、商店、艺术装置等。在XCITY中，拥有房产不仅意味着个人空间，还能通过出租、活动或游戏等方式带来额外收入。

发起或加入项目

认领了资产之后，你可以投身于XCITY内的各种项目：无论是创新的应用开发、文化创作还是社会活动，都可以通过众筹的方式获得资源。XCITY内的每个项目提案都可被社区成员支持，类似DAO中为项目募资的方式。居民可以用机器人货币投票支持他们看好的项目，并直接为项目提供资金。DAO众筹在Web3世界已被广泛应用：比如ConstitutionDAO曾聚集上万人为竞拍美国宪法副本筹集资金。在XCITY中，发起人明确目标和计划后，可发起众筹；作为支持者，你只需用代币赞助这些项目，一旦项目成功，资助者也能分享收益。

参与社区治理与分红

成为XCITY居民后，你可以参与社区的治理与决策。XCITY可能采用DAO治理模式，所有持有机器人货币的居民都可以对重大事务进行提案和投票。代币持有者的话语权与持有代币数量成正比，因此持币多的成员在决策中拥有更大权重。每当社区产生利润，比如地租、交易手续费或项目收入，系统会根据规则向代币持有者分配红利。居民可以选择将机器人货币进行质押，进而获取利息、代币奖励和交易费分成。这种模式激励大家持续参与治理和建设：正如Native的Clanker经济框架中所示，代币产生的费用会分配给各利益相关者，社区繁荣则大家共享。

不同角色的参与方式与价值路径

- 投资者：作为资金提供者，你可以购买并持有机器人货币或城市资产。通过参与项目众筹和治理投票，你能获取潜在收益和红利。代币的升值、项目分红以及质押奖励等都会成为你的回报。你还可以投资虚拟地产，长线持有或出租土地获取被动收入。参与社区分红和节点质押，将为你带来稳定的利息和奖励。

- 创作者：你可以在XCITY中创作游戏、艺术品、内容或服务。类似Roblox这样的元宇宙平台，创作者发布的内容可以通过内容内购或用户打赏获得收入，平台会对创作者收入进行分成。在XCITY，你可以用机器人货币铸造NFT、发售数字作品或提供创新服务来变现。优质内容不仅能为你带来直接收益，也会获得社区的激励性代币奖励和更高的声誉。

- 运营者：作为XCITY的活动组织者或服务维护者，你可以帮助社区运营。运营者包括活动策划、场馆管理员、客服等角色。你可以发起并组织线上线下活动（例如主题聚会、艺术展览等），或者提供场地和服务使用权，并收取一定费用。活跃的运营者将得到社区代币奖励或提成，比如从票务收入和赞助费用中提取收益。通过你的努力，社区更加活跃，同时你也获得代币分红，推动自身价值增长。

- 建设者：建设者负责XCITY的基础设施和环境建设，包括虚拟建筑设计师、3D建模师、智能合约开发者等。你可以参与城市街区、建筑和设施的开发，或编写支持社区的合约和工具。XCITY可能会为完成公共设施项目的建设者提供奖励机制，例如根据项目规模或社区投票反馈发放代币奖金。通过创造优质的公共空间，你不仅为社区增值，也为自己赢得代币奖励和口碑。

- 普通居民：即使暂时你只是普通居民，也能在XCITY中找到你的角色。你可以日常使用城市设施、参与社区讨论、提供反馈或充当测试人员。许多社区任务和活动会为普通居民设计互动任务，完成后可获得少量机器人货币或特权奖励。只要你积极参与、分享经验，或者通过社交互动帮助推广XCITY，你也将在社区中积累信誉和资产。XCITY鼓励每一个人贡献智慧和时间，即使是小贡献也能获得相应的回报。

以上就是加入XCITY的完整路径与各种角色的参与方式。每一步都有明确的流程和激励机制，帮助你从理念走向行动，真正成为这个数字城邦的一员，为自己和社区创造价值。愿每位读者都能在XCITY找到适合自己的位置，共创我们的元宇宙新大陆！

结语：未来的契约

进入AI时代，我们回顾并重申本书提出的核心理念：主权个体、全民基础资产、超级城邦、AI治理，这些都构成新时代社会契约的基石。我们坚信，每个人都是自由而独立的价值创造者：信息经济时代，"主权的单元不再是民族国家，而是一个个能直接创造价值的个体"。与此同时，我们要确保创新成果惠及全体，让全民基础资产成为公平共享的载体。区块链和加密技术让个人成为自己数据资产的拥有者，将自己视为"迷你跨国公司"或"微主权国家"，这就是"超级个体"的崛起；当越来越多"个体"能够突破组织边界（乃至国家边界）取得成功时，必然促生出新的治理单元——超级城邦。例如，Blockchains公司曾试图在美国内华达州建立自己的"创新区"，相当于创造一个新的地方政府，这正是超级城邦理念的初步实践。面对AI带来的变革，AI治理成为社会契约不可或缺的一环：政府和社会必须主动制定规则，让AI服务于公共利益，保证关键决策的透明可解释，并对不当的AI应用追责，让"人工智能增强人性，而不是替代人性"。换言之，这些理念不是空想，而是我们共同勾勒的新时代蓝图。

然而，我们深知技术并非万能。"新技术往往只是放大社会原有的格局，而不是摧毁旧有的权力结构"。AI的震荡变化揭示：科技只是加速器，更深层的答案在于制度设计和价值观的引领。正如观点指出："AI不是一场技术革命，而是在全球范围内实时重写社会契约"。也就是说，面对AI时代的巨大浪潮，我们必须同步重构社会契约，制定新的制度体系，而不仅仅寄希望于技术本身。 的学者强调，信息时代的解决方案必须是系统化、结构化的，我们要在顶层设计中寻找答案。比如，有学者提议引入全民基本收入或"数据红利"机制，让AI创造的巨大财富普惠大众；又如，应建立法律和伦理框架，让AI开发者和运营者为决策负责，并明确禁止自主武器、大规模监控等越界应用。只有将自由、公平、透明等价值观嵌入规则之中，才能让科技真正成为助力，而不是黑箱。

值得警醒的是，新的社会契约必须包容全民利益，不能由少数精英单方面决定。正如有评论提醒的："技术大佬不应该也不能够在排除绝大多数人的情况下书写新的社会契约"。我们要防范任何可能导致自由倒退、弱势群体被排斥的方案。新契约应以人民为本，以普世价值为纽带，让个人与社会、创新与规则相辅相成。世界各国应在新的历史关口重塑秩序：未来联合国若以个体为单位，就需要建立全新的秩序与机制。只有这样，AI时代的巨变才可能惠及所有人，而不是只让少数企业或强权得利。我们要以制度为平台，以契约为使命，确保每个人的权利与尊严都被纳入规则的框架。

今天的读者不再是旁观者，而是共建者。AI时代呼唤我们从沉思者蜕变为开创者：我们需要携手签署这份属于未来的契约。让我们：

- 坚定自主：以主权个体的力量塑造自己的命运，同时勇担时代责任；

- 倡导共享：以全民基础资产理念为基础，共创公平繁荣的财富分配机制；

- 开拓城邦：在全球协作中打造多元自治的超级城邦，让每一个社区和组织都有创新实验的空间；

- 重写契约：参与新制度的构建与讨论，确保AI时代的社会契约兼顾自由与公正。

此刻，不要再观望。我们将以行动赋予愿景生命，从思考者变为实践者，用我们的创造力和团结书写未来。宣言般的热情将化作改革的号角，我们的集体意志将凝聚成新秩序的基石。未来就在我们手中，只要我们团结一致、脚踏实地，便能共同开创充满希望的新纪元。让我们以主权个体的自豪、制度创新的勇气，为子孙后代签下这份《未来的契约》！

www.ingramcontent.com/pod-product-compliance
Lightning Source LLC
Chambersburg PA
CBHW061258220326
41599CB00028B/5703